O RITO MODERNO (FRANCÊS) ENSAIOS FILOSÓFICOS

Volume 4
O Mestre Instalado

JONAS DE MEDEIROS

O RITO MODERNO (FRANCÊS) ENSAIOS FILOSÓFICOS

Volume 4
O Mestre Instalado

JONAS DE MEDEIROS

EPÍGRAFE

A maior prova de que realmente estás pronto a dirigir os trabalhos de uma oficina é a capacidade de abdicar deste posto e deixar o fluxo natural dos acontecimentos seguir seu próprio destino.

Afinal, o maior desafio daqueles que assumem o Trono de Salomão é deixá-lo e mais importante do que não interferir nos atos sucessórios, é aconselhar nos caminhos futuros sem segundas ou terceiras intenções senão aquelas em prol da coletividade, da harmonia e da concórdia.

Jonas de Medeiros

SUMÁRIO

PREFÁCIO

Concluída sua gestão e passado o Malhete para seu sucessor, vem o maior desafio que um Venerável Mestre poderia ter, o de deixar de ser o Venerável Mestre, deixar de comandar, dar espaço para as novas gerações e abster-se da autoridade nata que este cargo tão sedutoramente lhe apresentou.

Aí eu te pergunto, e agora? O que fazer com toda experiência adquirida?

Com base nessa e em outras questões que afligem a mente e o coração inquietos de um Mestre Instalado é que surge este trabalho, como uma salutar complementação a coleção de Ensaios Filosóficos sobre o Rito Moderno, os quais já foram percorridos nos três primeiros graus (Aprendiz, Companheiro e Mestre). E sim, precisamos tratar como complemento, visto que o Mestre Instalado, por mais que hajam argumentos pró ou contra, nada mais é do que uma categoria especial e honorífica, segundo o Art. 42 da Constituição do GOB (2007). Dessa forma, os conteúdos aqui dispostos tem por objetivo trazer um outro olhar sobre esta categoria tão controversa e ao mesmo tempo, tão necessária à salutar trajetória de uma oficina do Rito Moderno, afinal:

"Aqueles que experimentam o poder uma vez nunca mais serão os mesmos."
Mestre dos Magos (Ep. 18)[1]

Por fim, vale relembrar que este livro, assim como os anteriores, se destina ao uso restrito de maçons (*Intra corporis*), sendo especialmente dedicado aos maçons do Rito Moderno federados ao Grande Oriente do Brasil. Porém, parafraseando Juvenal Antunes Pereira (2011), ilustre membro da Academia Maçônica de Letras do Distrito Federal (GOB), volta-se a afirmar que neste trabalho em particular, não estão explicitamente abertos os mistérios da instituição, principalmente pelo fato de que, para haver uma correta interpretação de seu conteúdo é necessário o conhecimento advindo do cerimonial de instalação e posse de um Venerável Mestre. Dessa forma, não sendo

---

[1] Episódio 18 - O Dia do Mestre dos Magos - oriundo da Série de Animação Caverna do Dragão, no original: Dungeons & Dragons, exibida entre os anos de 1983 e 1985.

possível aos leigos em Simbologia e Filosofia Maçônica, compreender plenamente os conteúdos aqui abordados.

Assim, desejo a todos uma excelente leitura e que este trabalho os inspire a questionar.

Jonas de Medeiros

DEDICATÓRIA

Dedico este trabalho inicialmente a todos os maçons que de alguma forma me inspiraram a desbravá-lo e em especial a aqueles que, devido aos debates e constantes questionamentos, forçaram-me ao aperfeiçoamento e a busca por respostas.

E dedico de maneira especial, todo o meu esforço a minha esposa Elisiane Stempkoski, cujo companheirismo e cumplicidade tornam o impossível possível e principalmente a minha filha Lívia de Medeiros, para quem busco, acima de tudo, deixar um legado de orgulho, honra e princípios.

13

AGRADECIMENTOS

Agradeço de maneira especial ao maçom e grande amigo e verdadeiro irmão - Adilson Macário de Oliveira Júnior que prontamente auxiliou-me na revisão ortográfica e conceitual do presente livro.

Meu irmão, sem seu apoio e trabalho este projeto não seria possível nos moldes em que se apresenta - obrigado.

1 O MESTRE INSTALADO

Antes de qualquer explanação, explicação ou consideração que possa surgir no decorrer deste livro, é fundamental ressaltar que o Mestre Instalado não é um grau da maçonaria, ou mesmo um cargo em loja, trata-se da forma como são tratados aqueles que já exerceram o ofício de Venerável Mestre ou de Grão Mestre (Estadual ou Geral) em plenitude de direitos e deveres, tendo para isso passado por um cerimonial específico, secreto e extremamente significativo, com lenda e elementos simbólicos únicos, como tão bem definido na Constituição do Grande Oriente do Brasil (GOB, 2007), onde se transcreve em seu Art. 42 a classificação de Mestre Instalado com a seguinte redação:

> Art. 42. O Mestre Maçom que vier a ser eleito Grão-Mestre ou Grão-Mestre Adjunto, Venerável de Loja ou, ainda, aquele que estiver na linha sucessória e vier em caráter definitivo assumir esses cargos, em virtude de suas vacâncias, será submetido ao Cerimonial de Instalação e integrará a categoria especial e honorífica dos Mestres Instalados.

Assim, rememorada e compreendida a questão, observa-se que o Mestre Instalado, mesmo não sendo um cargo ou um grau, mas sim uma categoria especial de maçons, detentores de um título honorífico, não os exime de grande responsabilidade inerente a aqueles que têm o conhecimento simbólico, filosófico e ritualístico como ainda desenvolveram a sabedoria pautada na prática e experiência de administrar uma loja Maçônica e que vão muito além do que a simples definição de prerrogativas transcritas na Constituição do GOB (2007), através do Artigo 43:

> I – dirigir Sessões de Iniciação e de Colação de Graus de Companheiro e Mestre;
>
> II – ter assento na parte oriental do Templo nas sessões das Lojas;
>
> III – constituir o Conselho de Mestres Instalados, quando reunidos em mais de três numa mesma Loja para a instalação do Venerável Mestre eleito;
>
> IV – presidir a qualquer sessão da Loja a que pertence, na falta ou impedimento do Venerável ou seu sucessor estabelecido no Rito.

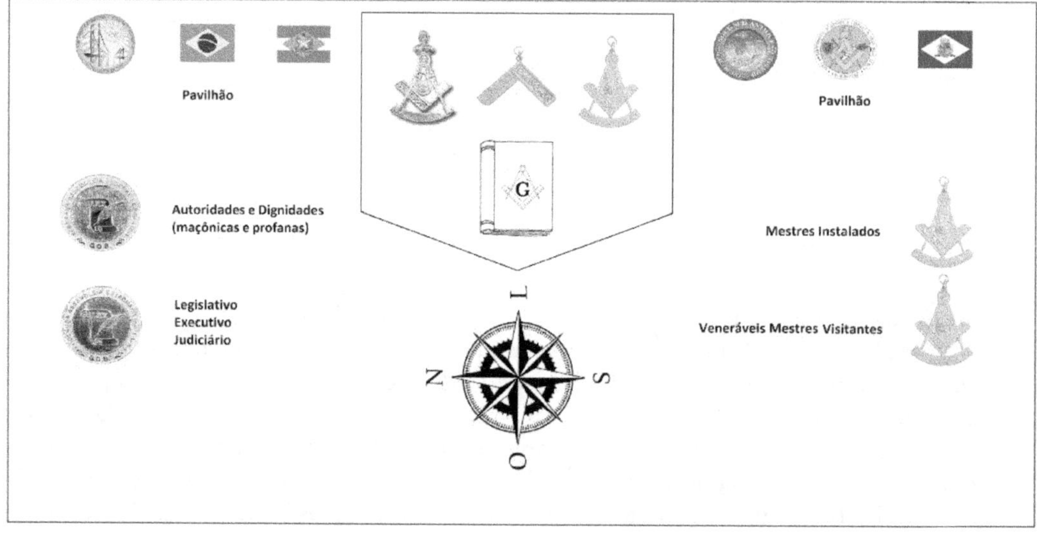

Fonte: Elaborado pelo autor.

Ao Mestre Instalado cabe a justa missão de transmitir aquilo que aprendeu na forma de exemplo, postura, instruções, orientações e conselhos pois, agora que não mais está na direção direta dos trabalhos, pode e deve auxiliar seu(s) sucessores como conselheiro e mediador, motivo pelo qual, possui lugar de destaque ao lado esquerdo do Venerável Mestre quando este for seu sucessor direto para que ali, possa exercer o papel de conselheiro. Esta disposição está definida no item II do Art. 42 da Constituição do GOB (GOB, 2007), onde indiferente ao rito praticado dá-se destaque a composição dos assentos e cargos fundamentalmente hierárquicos de uma oficina, conforme descrito nos rituais, essas posições são regradas em suas exceções no Decreto N° 1.469 de 12 de fevereiro de 2016 do Grande Oriente do Brasil, onde versa que o Oriente é composto da seguinte forma:

• O Mestre Instalado anterior imediato tem assento ao lado esquerdo do Venerável Mestre conforme a configuração constante nos rituais de Aprendiz, Companheiro e Mestre (GOB, 2009).

• Os Mestres Instalados mais antigos juntamente com os Veneráveis Mestres visitantes têm assento na parte Sul do Oriente.

• Na parte Norte do Oriente ficam as autoridades e dignidades legislativas, ou seja, os deputados estaduais e federais, membros do judiciário e do executivo maçônico e, no caso de algum visitante considerado autoridade profana no exercício de seu cargo.

• Ao Leste encontram-se ainda os pavilhões nacional e maçônico, com a configuração definida em nossas leis (Decreto No 1.476 de 17 de maio de 2016).

Deve se ter claro que a presidência de uma oficina regular pertence ao Venerável Mestre, salvo na presença do Grão Mestre Geral ou Estadual (em sua jurisdição), os quais têm a prerrogativa de presidir qualquer sessão em que estejam presentes (normalmente abdicando em favor do brilhantismo dos trabalhos). Na ausência do Venerável Mestre, seus substitutos diretos e hierárquicos são respectivamente os irmãos 1° e 2° Vigilantes, porém em sessões magnas, onde há a outorga de um grau maçônico, a regularização ou filiação de um irmãos ou ainda a instalação de um novo Venerável Mestre, na ausência do Venerável Mestre a presidência dos trabalhos deve ser repassada de preferência ao Mestre Instalado anterior imediato, ou em sua impossibilidade ao Mestre Instalado mais antigo (experiente) em virtude da necessidade legal e ritualística da autoridade para outorga de qualquer título ou grau.

Tal é a importância do Mestre Instalado em uma oficina que na necessidade de se instalar um novo Venerável Mestre na direção dos trabalhos de uma oficina em não constarem em seu quadro de obreiros Mestres Instalados em número mínimo para se constituir o devido Conselho, caberá ao Grão-Mestre da Jurisdição nomear dentre os membros de outras Lojas o número mínimo necessário de Mestres Instalados para garantir o funcionamento do respectivo conselho.

Normalmente, segundo usos e costumes já há muito praticados, o Grão-Mestre tem dado a liberdade de escolha sobre a comissão instaladora ao maçom eleito para o cargo de Venerável Mestre, desde que composta por Mestres Instalados ativos e regulares no Grande Oriente do Brasil como forma de privilegiar a trajetória desse irmão e garantir a motivação necessária para tal desafio.

Vale lembrar que ao Mestre Instalado é proibida a constituição de um poder paralelo a Potência Maçônica (federal, estadual ou distrital), onde se tenha por objetivo a supervisão das atividades das lojas congregadas conforme é previsto na Constituição do GOB (2007), porém, essa questão não se aplica a circunscrição estadual a qual é composta por um representante do poder central atuando em conjunto com as oficinas.

Essa proibição normativa tem por objetivo impedir o surgimento de pseudos poderes na forma de Detentores da Verdade, Mártires desse ou daquele Rito, Donos de Loja, ou seja, na forma do tradicional Colonialismo o qual já é parte da cultura Política Brasileira, muito mais traduzida no Feudalismo Imperial do que na atual República.

2 AFINAL, O QUE É UM MESTRE INSTALADO?

Afinal, o que é um Mestre Instalado? Antes de adentrar a discussão de que se é ou não um grau maçônico, deixe-me fazer uma pequena analogia quanto a sua importância, assim, se fosse para defini-lo a partir de seu papel em loja, e em especial junto do Venerável Mestre em exercício, eu particularmente o associaria aos Corvos de Odin, Huginn e Muninn, os quais depois de Odin sacrificar um de seus olhos pelo dom da sabedoria, assumiram o papel de olhos e ouvidos do deus Asgardiano pelo mundo, sendo essa uma clara alusão a alfaia (jóia) de um Mestre Instalado que em seu centro carrega radiante o Olho Que Tudo Vê. A título de curiosidade, como fundamento simbólico e filosófico, esclarece-se que Huginn e Muninn são personagens presentes na mitologia nórdica, sempre descritos como um par de corvos que alimentam ao Deus Odin (pai de todos) com informações e conhecimento sobre o mundo (Midgard), seus nomes em nórdico antigo significam respectivamente o "Pensamento" e a "Memória". Portanto, o Mestre Instalado que observa atentamente o cotidiano da oficina, refletindo sobre os caminhos percorridos, possui cumulativamente a experiência e a memória dos fatos passados, não permitindo que eventos negativos e nocivos, tornem-se cíclicos e venham a cobrar o preço do não aprendizado, ou seja, aquele que erra e não aprende com seu erro está fadado a errar novamente.

Deixando-se de lado um pouco a interpretação simbólica e filosófica nascida nos conceitos de Jung (2008) o qual nos impunha o objetivo de dar significação própria ao que não compreendemos inteiramente, partimos para a definição legal para a categoria honorífica de Mestre Instalado descrita no Regulamento Geral da Federação do Grande Oriente do Brasil (GOB, 2008):

> **CAPÍTULO III**
> **DO MESTRE INSTALADO**
>
> Art. 42 O Mestre Maçom que passar pelo Cerimonial de Instalação integrará a categoria especial honorífica dos Mestres Instalados. (Redação dada pela Lei n° 118, de 23 de março de 2011, Boletim Oficial n° 06, de 14 de abril de 2011)

Parágrafo Único. Para ser consagrado Mestre Instalado é necessário que o Mestre Maçom tenha sido, a qualquer tempo, eleito Grão-Mestre ou Grão-Mestre Adjunto ou Venerável da Loja. (Inserido pela Lei nº 118, de 23 de março de 2011, Boletim Oficial nº 06, de 14 de abril de 2011)

A partir desse ponto, cabe-me destacar que não existe **"legalmente"** um Grau Maçônico específico com a denominação de Grau de Mestre Instalado, e portanto, não há um encaixe ordenado na Escada de Jacó para o mesmo que obrigue a qualquer maçom sua passagem para continuação dos estudos junto a Ordem. Sendo que no caso do Rito Moderno (Francês) em específico, este é composto de nove (9) graus oficiais, os quais se desenvolvem através de uma sequência lógica com a seguinte distribuição:

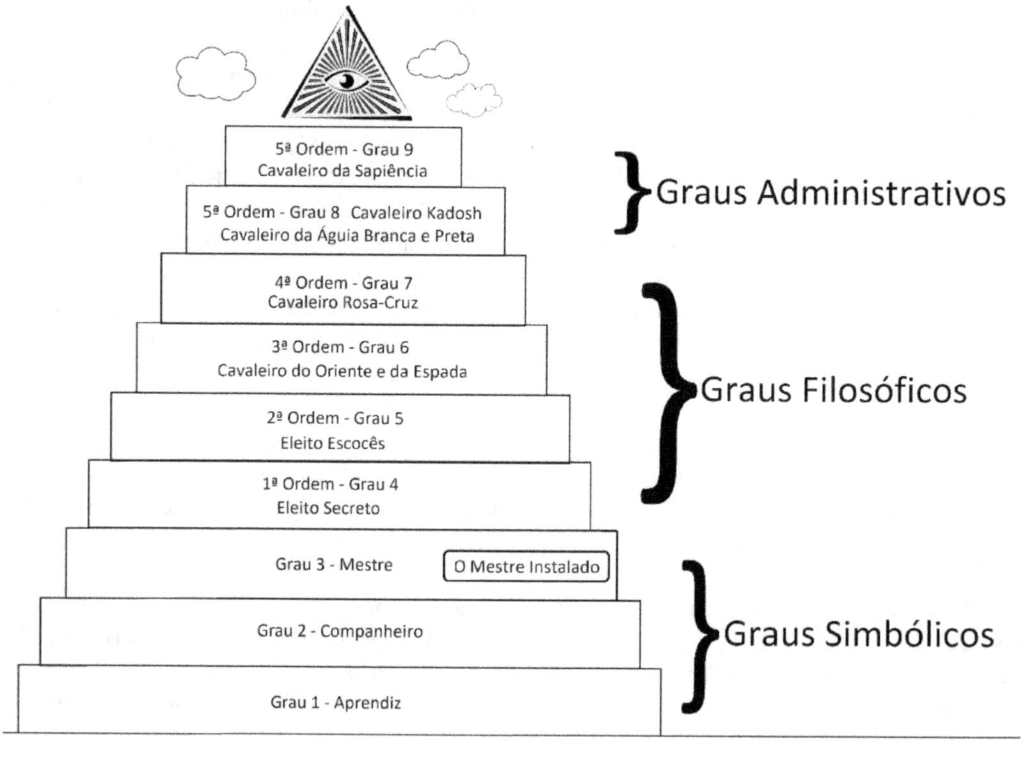

Fonte: Elaborado pelo autor.

Ressalta-se que, além da divisão lógica entre os nove (9) graus no que tange a ritualística, protocolo, história, filosofia e simbolismo, existe a organização e divisão relativa a competência de cada conjunto de graus quanto a sua gestão e administração na seguinte ordenação (para o Grande Oriente do Brasil e o Supremo Conselho do Rito Moderno):

Grau	Gestão	Abrangência
Grau 1 - Aprendiz Grau 2 - Companheiro Grau 3 - Mestre	Grande Oriente do Brasil - GOB Potência Estadual Oficina Apesar das três esferas executivas serem distintas (federal, estadual e local) todos os trabalhos ritualísticos nos três graus são desenvolvidos no âmbito da loja, ou seja, no âmbito local.	Nacional Estadual Local
Grau 4 - 1ª Ordem - Eleito Secreto Grau 5 - 2ª Ordem - Eleito Escocês Grau 6 - 3ª Ordem - Cavaleiro do Oriente e da Espada Grau 7 - 4ª Ordem - Cavaleiro Rosa-Cruz	Sublime Capítulo Regional Trabalha desenvolvendo ritualisticamente os graus compreendidos da 1ª a 4ª ordem (Graus 4, 5, 6 e 7) em âmbito local.	Local
Grau 8 - 5ª Ordem - Cavaleiro Kadosh - Cavaleiro da Águia Branca e Preta	Grande Conselho Kadosh Filosófico Trabalha desenvolvendo ritualisticamente o Grau 8 compreendido na 5ª ordem para o território estadual.	Estadual
Grau 9 - 5ª Ordem - Cavaleiro da Sapiência	Supremo Conselho do Rito Moderno Trabalha desenvolvendo ritualisticamente o Grau 9 compreendido na 5ª ordem para o território nacional.	Nacional

Assim, é possível observar que na constituição do Rito não há na ordem sequencial de evolução um Grau 3,5° - Mestre Instalado, quer seja no Rito Moderno ou em qualquer outro Rito Maçônico legítimo.

E essa é a teoria definida através de nossos princípios e leis, os quais deveriam se refletir em nossos usos e costumes, mas, será que é isso mesmo? será que na prática não existe uma realidade diferente?

Observem as características elementais dessa tal "condição" de Mestre Instalado. Será que não seria possível se repensar alguns fundamentos, ou melhor, pré-conceitos? Eu acredito que sim, visto que o ser humano é destinado a evolução conceitual. Para tanto, será preciso estar disposto a observar os argumentos aqui descritos com a mente aberta e preparada a outras opiniões, digo isso pois a maçonaria em essência é uma ordem iniciática, filosófica, progressista e evolucionista.

Sabe-se que historicamente o ofício de Mestre era tido como temporário nas guildas medievais as quais foram base para a atual maçonaria, não sendo um status permanente, mas sim uma condição que garantia a ordem e a hierarquia durante um projeto. Para tanto, Couto (2009) nos apresenta sobre o conceito de um Grau maçônico que:

> **Graus:** A Maçonaria, de um modo geral, buscou na organização do Templo de Salomão a base para sua própria Instituição. Os primeiros maçons foram, assim, os operários que o construíram, dos quais, segundo a Bíblia, nenhum era judeu. Hoje, numa construção de alvenaria, há três graus: servente (aprendiz), pedreiros e carpinteiros (companheiros) e um mestre de obra (mestres). Inicialmente a Maçonaria era Operativa, ou seja, dedicada ao trabalho manual; depois é que se dedicou a apurar os conhecimentos de forma intelectual, passando a ser chamada de Simbólica ou Especulativa. Por fim, voltou-se exclusivamente ao intelecto, denominando-se de Filosófica. Assim, de acordo com a capacidade de cada operário, possuía suas gradações ou graus. Hoje, além dos três primeiros, comuns a todos os Ritos, há outros cuja configuração varia de acordo com o Rito adotado. Seu número varia de sete a 99. Como numa universidade (produto das primeiras Corporações), em que, para chegar ao topo da instrução, o estudante deve passar por vários estágios progressivos, o que constitui o grau, decidiu-se adotar procedimento semelhante na Maçonaria. (COUTO, 2009, pag. 34)

Nesse sentido, no antigo ofício de pedreiro, o iniciado era tido como aprendiz até estar devidamente pronto para então ser recebido companheiro; este por sua vez era o ápice da profissão, nessa época não existia a figura do mestre maçom entre os operativos, o que existia era o mestre da obra, cargo este exercido temporariamente e para cada obra contratada, onde normalmente era escolhido para o cargo aquele companheiro que detinha maior experiência e habilidade para aquele projeto em específico. Após a conclusão dos trabalhos, este dito Mestre da Obra, retornava ao seu status profissional de companheiro, retornando a igualdade com todos os seus confrades.

Com o passar do tempo, em especial com a conversão de maçonaria operativa para especulativa a partir da entrada na ordem de profissionais de outros ofícios, passa a ser desenvolvido um degrau acima na ordem dos trabalhos, surgindo então a figura do Mestre Maçom, bem como a adoção de elementos alegóricos e lendários para diferenciar em essência a maçonaria especulativa da maçonaria operativa.

Observa-se essa diferenciação nos devidos rituais de iniciação como aprendiz e elevação a companheiro (independente do rito praticado) em comparação com o ritual de exaltação a Mestre, onde os dois primeiros são imbuídos de elementos práticos e focados no ensino da lida bruta do trabalho, suas ferramentas e aplicações. Já o Ritual de Exaltação é forjado em torno do entendimento e da interpretação de uma lenda específica para o Grau.

Essa forma diferente de se trabalhar a operação e a especulação foi fundamental para a continuidade dos graus que surgiram com o tempo, sendo os filosóficos, cada um à sua maneira, um aprofundamento da lenda em diferentes elementos.

Essa característica iniciática também permeia a condição de Mestre Instalado, possuindo ritual próprio, lenda específica, sinais, toques e palavras únicos que o classificam na prática como um Grau Errante da maçonaria, pois mesmo não sendo tido como grau, o qual é necessário se trilhar para continuidade dos estudos através da escada de Jacó, é em termos práticos um Grau no sentido iniciático do termo.

Por fim, cabe destacar uma curiosidade no que diz respeito às questões hiramíticas, o fragmento de lenda ao qual se refere a instalação de um Venerável Mestre se passa antes dos acontecimentos da exaltação de um Mestre, o que se reflete na história maçônica, pois o Venerável Mestre surgiu antes mesmo do Grau de Mestre Maçom.

3 AS INSÍGNIAS DE UM MESTRE INSTALADO

Partindo-se dos descritos no Ritual de Mestre do Rito Moderno (GOB, 2009, pag. 21) o qual versa sobre a formatação das insígnias de um Mestre Maçom e de um Mestre Instalado, observa-se que, além da indumentária laboral própria de todo maçom, sendo para o Rito Moderno composta de terno, gravata, sapato, cinto e meias pretas com camisa branca, ou o Balandrau em substituição ao blazer do terno exclusivamente nas sessões ordinárias, os paramentos, alfaias e instrumentos de trabalho de um Mestre Instalado, configuram-se na fusão dos instrumentos de todos os graus anteriores, somados de mais alguns próprios, dessa forma, iniciando-se pelo Avental, Faixa e Joia de um Mestre Instalado com a seguinte configuração:

> **Avental de Mestre Instalado.** A insígnia distintiva do Mestre Instalado consiste no Avental de pele Branca (couro ou material similar), retangular, preso à cintura por cordões ou elástico preto com 4,0 cm de largura, aba nas dimensões 33,0 x 40,0 cm, sobreposto em suas laterais e parte inferior por fita azul-celeste de 4,0 cm de largura, sendo no alto sobreposto pela mesma fita da abeta. O Verso do Avental é em tecido preto sem qualquer figura ou inscrição, possuindo bolso.

No centro do Avental figurará a Jóia do Mestre Instalado, um conjunto prateado, formado pelo Compasso com escala, com 9,0 cm de altura, com as hastes separadas por uma abertura de 8,0 cm, de ponta a ponta (externa) e pelo Esquadro, medindo cada braço 5,0 cm, com 1,0 cm de largura cada peça, contendo no centro um olho, com 2,5 cm de altura, estando todo o arranjo circundado por dois ramos de acácia, com folhas de 1,5 cm de comprimento e largura máxima de 1,0 cm, na cor prateada, com 13,0 cm de largura entre suas extremidades, dispostos em aspas, com talos cruzados, ladeados por um Tau invertido prateado (medindo 3,5 cm de altura por 6,0 cm de largura)

A abeta, de formato triangular, de pele branca (couro ou material similar) com 13,0 cm na maior altura (contada da extremidade superior do avental), é sobreposta, a partir de sua extremidade por fita acetinada azul-celeste de 4,0 cm, contendo no centro um Tau invertido prateado (medindo 3,5 cm de altura por 6,0 cm de largura).

Faixa. Além do respectivo Avental, o Mestre Instalado e o Mestre Maçom, ao desempenharem as funções de M. de CCer. ou de Cobridor, ou quando não estiverem exercendo outro cargo em loja, usam uma faixa em material acetinado azul-celeste, de 10,0 cm de largura, em diagonal, portada do ombro direito para o quadril esquerdo, sem nenhum ornamento, contendo em sua extremidade, em metal prateado, a Jóia de Mestre Maçom ou a de Mestre Instalado, conforme o caso. O verso da faixa é em tecido preto, sem qualquer figura ou inscrição. Na extremidade interna da faixa, existe uma presilha que serve de suporte para a espada.

A partir da referida referência, desenrola-se a análise, lembrando que a Insígnia de um mestre maçom é por excelência o esquadro, o compasso, o ramo de acácia e a letra "G" sobrepostos de tal forma a indicar que o mestre maçom, além de sobrepujar a matéria através dos ramos de acácia, símbolo da revivicação, visto que o Mestre Maçom é (ou deveria ser) aquele que tem pleno domínio da mente (ou espírito) sobre a matéria e por fim o G ao centro referendando que o Princípio Criador está no centro de todo mestre, equilibrando a mente eo corpo.

Mestre Instalado

Mestre Maçom

Agora, mais amadurecido pelos conhecimentos adquiridos durante o veneralato, o Mestre Instalado altera sua insígnia de Mestre Maçom passando a compor a seguinte estrutura sobreposta, onde o Esquadro é sobreposto pelo Compasso Escalonado de forma que a Mente continue prevalecendo sobre a matéria, porém com a justa escala da experiência como guia e medida, além disso em seu centro não mais está disposta a Letra "G", agora paira no centro da joia o olho radiante que tudo vê, ou o olho da ciência, indicando que além de medir com maior cuidado os atos praticados, devemos ter claros os objetivos de nossa instrução.

E no Avental de Mestre Instalado, além do mesmo símbolo centralizado, existe a colocação de três **"Tau"** prateados invertidos (os quais surgiram como adorno do avental de um Mestre Instalado em meados de 1800 em Londres a partir do Arco Real ou Real Arco), dispostas tanto aos lados direito e esquerdo da jóia, quanto acima. Observa-se que a origem do Tau pode ser identificada como sendo a décima nona letra do alfabeto grego, onde cada um dos Tau possui matematicamente o valor equivalente ao numérico de 300, transferindo para o avental uma variante da conotação simbólica do 3 x 3.

Outras vertentes mais místicas atribuem ao Tau a distinção de ser uma Cruz, em uma configuração invertida, saindo da base grega e adentrando a base Egípcia era tido como um símbolo que representa a iniciação, característica base da ordem maçônica como iniciática.

Sem contar que existe ainda a vertente judaico-cristã com pelo menos três variáveis, onde a primeira admite o Tau como sendo a última letra do alfabeto hebraico, citada simbolicamente no Antigo Testamento no livro de Ezequiel (Ez 9,4) em alusão ao sinal de identificação do povo de Israel; em outra variável o Tau é entendido a letra Ômega do alfabeto grego, ou seja, um símbolo do fim descrito no livro das revelações o Apocalipse (Ap 21,6; 22,13) como transcrição do dito Inicio e fim (alfa e ômega) de todas as coisas; ou ainda a variável que parte do pressuposto de seu formato em cruz, o qual relembra o sacrifício do apóstolo Pedro, que segundo a tradição não formal (ou seja não canônica) Pedro não se considerando digno do mesmo martírio de Cristo, portanto, por solicitação própria, fora crucificado invertidamente, ou seja, de cabeça para baixo.

O Tau na Maçonaria é tido como um símbolo do equilíbrio, sua posição "invertida", como se estivesse apoiada no solo, lembra que somente em um terreno horizontalmente aplainado pelo Nível, que a haste do Prumo pode ascender perfeitamente reta e justa através de seu fio, ligando a base ao topo de forma sustentada e espiritualmente justa através da fusão dos símbolos dos vigilantes (1º Vig. o Nível e 2º Vig. o Prumo) e seus respectivos significados, garantindo a conclusão dos estudos e o acesso a todo conhecimento simbólico, pois agora, todos os mistérios do simbolismo estão destravados. A partir desse momento a escada divide-se pelos diversos caminhos filosóficos, como por exemplo as ordens de sapiência do Rito Moderno (graus filosóficos).

Infelizmente, não poderia deixar de relatar a triste interpretação esdrúxula de que o Tau invertido seria a decadência da humanidade na questão simbólica, como uma clara alusão ao satanismo e adoração ao demônio advindo das três cruzes em posição de deboche (invertida) ao sacrifício de cristo na cruz. Para aqueles que não compreendem a Ordem Maçônica, ou a desconhecem por completo, esta poderia até ser uma interpretação válida, mas somente creditada na mente doentia dos maníacos por conspiração e fanáticos acéfalos dogmáticos.

Entretanto, por mais que seja tentador aprofundar essa questão neste trabalho, não posso deixar de cumprir meu juramento, deixando os detalhes mais específicos para aqueles que virem a passar pelo ritual de instalação, onde este e outros elementos lhe serão devidamente apresentados, para tanto, é preciso ter a mente aberta e atenta ao fato de que, para se preservar muitos segredos, estes estão cifrados propositadamente de forma invertida, sendo, portanto, uma questão de preservação do símbolo e não uma questão de intervenção mística ou mágica além daquela advinda da alegoria em si.

4 UM OUTRO OLHAR SOBRE A ESPADA

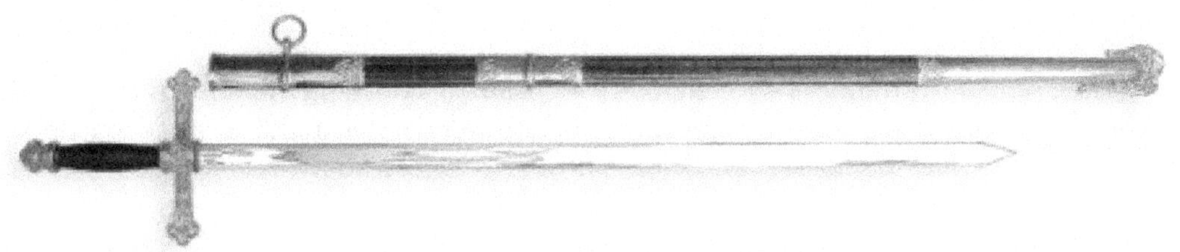

Fonte Imagem: Atelier Arte Real (2019)[2]

Em diversas culturas ao redor do mundo a espada é um símbolo de considerável força e representação histórica, simbólica, filosófica e espiritual. Por ser um alto símbolo de poder motivador da ação, é necessário tecer um outro olhar sobre esta emblemática ferramenta de trabalho de um Venerável Mestre e de um Mestre Instalado.

Essa é a motivação pela qual, além de um símbolo de igualdade, visto que antigamente apenas os nobres, cavaleiros e oficiais militares a podiam portar em sociedade, na Maçonaria torna-se reconhecidamente a justa alfaia de todo mestre maçom, sendo que através dela defenderemos com fervor e furor nossos iguais, assim como, caso venham a falhar, também a utilizaremos para os punir exemplarmente com o justo rigor da lei e da ordem.

Não obstante em oficinas do Rito Moderno, durante a instalação de um Venerável Mestre, no momento em que este é encaminhado ao Trono de Salomão, o novo venerável recebe a Espada Maçônica Reta (Longa de aproximadamente 80 cm de comprimento total), constante dos instrumentos de trabalho de um mestre instalado e que figura permanentemente como uma alfaia disposta sobre sua mesa durante a realização de sessões ritualísticas. Esta espada somente pode ser utilizada por um Mestre Instalado no pleno exercício do cargo de Venerável Mestre de uma loja, sendo o símbolo

---

[2] Disponível em: http://atelierartereal.com.br/espadas/espada-maconica-europeia-com-bainha.html Acesso em 10 de janeiro de 2019.

máximo de poder em loja, que, juntamente com o símbolo máximo de autoridade (o malhete) e com o símbolo máximo de sabedoria (o trono de Salomão) conferem ao Venerável Mestre os atributos e ferramentas de seu ofício.

De forma complementar e a título de curiosidade, apesar de não existirem fundamentos ritualísticos ou históricos que sustentem, irei descrever a seguir uma prática que tem-se tornado um dos novos usos e costumes os quais observei e que, de tanto despertar minha admiração, compartilho em forma de reflexão.

A parte a que me refiro ser um uso e costume, portanto um ato não formal é que em muitas oficinas a espada é dada como lembrança ao novo Venerável Mestre como um reconhecimento de sua autoridade, sendo esse um símbolo da justiça e confiança que todos aqueles sob sua responsabilidade depositam na nova liderança empossada e que passará a figurar como alfaia também para o Mestre Instalado após este deixar o veneralato.

Nesse sentido, extrapola-se sua significação primária constante nos rituais e instruções comuns e adentra-se uma nova significação para este uso e costume o qual discorre-se a seguir.

Cada estilo de forja representa uma causa e um princípio norteador diferente os quais foram evoluídos por diferentes culturas ao redor do mundo, culminando na junção da elegância e da praticidade na arte de seu manuseio e principalmente na sua finalidade.

Este é verdadeiramente um dos símbolos mais presentes na cultura mundial, e não poderia ser diferente na Ordem Maçônica, haja vista sua íntima ligação com as ordens de cavalaria e a nobreza de outrora (enquanto maçonaria especulativa) e com as antigas guildas profissionais e de artesãos (enquanto maçonaria operativa).

Antes de adentrar ao simbolismo do Rito Moderno em específico, toma-se a liberdade de tecer um breve comentário sobre a cutelaria de espadas da tradição japonesa, onde sua mais forte representação está contida na espada tradicional, a Katana. Esta espada não carrega apenas a função de ser uma arma mas também carrega o espírito e as crenças daquele que a empunha. Dada é a sua importância que seu manuseio é tratado como arte, tradição e também religião.

Entende-se que essa demasiada atenção aos detalhes, principalmente no que diz respeito a cultura em torno da cutelaria, tem como objetivo fazer com que este símbolo venha a carregar tanto o peso da força do guerreiro, quanto das vidas que ele venha a tirar, sendo este realmente um símbolo de respeito e convicção.

Na maçonaria e em especial no Rito Moderno, os mestres maçons portam espadas como parte de sua indumentária; trata-se de uma sutil insígnia a qual anuncia que os maçons tornar-se-iam defensores uns dos outros, se a vida ou a honra de qualquer maçom fosse ameaçada, bem como anunciam que cada maçom encontraria em seus iguais os vingadores da Maçonaria e de suas leis, se fosse faltado o cumprimento dos deveres maçônicos (GOB, 2009).

Por conta disso o Ferreiro (ou cuteleiro no contexto contemporâneo) coloca sua própria força na forja, orando ao seu Deus enquanto constrói a espada, bem como é preciso pensar no guerreiro (ou mestre) que vai empunhá-las e manejá-las, um procedimento carregado de espiritualidade, simbolismo e filosofia.

A Maçonaria e o Rito Moderno, nos rememora que as espadas são empregadas na ordem em diversas circunstâncias, mas possuem em especial duas significações simbólicas distintas as quais busca-se nesta instrução a complementação (GOB, 2009):

A primeira é que antes de 1789 simbolizavam a igualdade. Naquela época, com efeito, só os nobres e os titulares de certos ofícios tinham o direito de trazê-la em público. Cada Irmão qualquer que fosse o seu nascimento, ou a sua posição social, tinha o direito de trazer a espada em Loja, essa prática servia para indicar que todos os homens são iguais.

A segunda é que a espada é o símbolo do combate que o homem deve sustentar para defender a Justiça e a Verdade. O Maçom, mais que ninguém, deve lutar constantemente contra a injustiça e contra a mentira, e deve lutar sempre com armas leais, de que é ela o tipo tradicional.

É preciso lembrar que este símbolo maçônico é auto suficiente, pois já possui em seu íntimo conceitos milenares que ultrapassam limitações geográficas, étnicas, culturais e religiosas e que são absorvidos e incorporados à tradição maçônica em complemento as significações atribuídas pela ordem.

E justamente por não se tratar de apenas uma arma e carregar consigo todo um simbolismo oculto, a espada não é vista apenas como uma ferramenta ou uma extensão do corpo do guerreiro, ela também é vista como uma entidade Independente com força e vontade próprias.

De forma complementar, muitas das armas tidas como simbólicas ou mesmo aquelas consideradas lendárias ou divinas, têm em seu âmago características que as tornam únicas, como por exemplo a capacidade da arma escolher seu próprio portador como por exemplo a Excalibur[3] nos mitos Arturianos ou o Mjölnir[4] nas tradições nórdicas, entre outros tantos objetos tidos como sagrados. Essa característica existe para simbolizar a necessidade de uma espada ser pensada, concebida e direcionada a uma única pessoa, um único portador, o qual se dedica a sua compreensão e manuseio.

---

[3] **Excalibur** ou **Caliburn** é a lendária espada do Rei Artur nas lendas do Ciclo Arturiano da Matéria da Bretanha.
[4] **Mjölnir** que na mitologia nórdica, é o martelo do deus Thor, um deus filho do principal deus nórdico Odin associado com o trovão naquele sistema mitológico.

Por fim, entrando nesse conceito de exclusividade, não posso deixar de reverenciar um ditado gaudério, pelo simples fato de que no Brasil, a tradição gaúcha é defensora das artes cuteleiras em seu princípio mais puro, para o gaudério: "faca, cavalo e mulher não se empresta pra ninguém; pois são joias do gaúcho; cada qual sabe a que tem![5]".

---

[5] Fragmento de poesia constante no CD: PRA DON CÁSSIO SELAIMEM, uma coletânea de músicas e poesias que homenageiam as facas e o cuteleiro Don Cassio Selaimen na voz de Elton Saldanha.

5 UM OUTRO OLHAR SOBRE O MALHETE

Fonte Imagem: Esquadro e Compasso (2019)[6]

Tece-se neste texto um outro olhar sobre o símbolo que é tido como a máxima representação da autoridade entre os maçons em loja (o malhete) que busca conferir ao Venerável Mestre mais um dos indispensáveis atributos para execução de seu ofício.

O Malhete, que por vezes se confunde com o Maço, também deve ser aplicado sobre o cinzel da educação como foco no domínio das asperezas que possam surgir na obra maçônica que está responsável, ou seja, a oficina. Essa confusão, entre o Malhete e o Maço dá-se em virtude da necessidade do Venerável Mestre despir-se de toda vaidade e retornar a condição de servo da vontade do grupo a que representa, porém, com a autoridade para garantir que, em necessidade, possa agir com o rigor e firmeza necessária, pois diferente do Maço que tem por objetivo o emprego da força bruta, o Malhete deve ser empregado com sutileza e precisão, onde não mais a força é o foco, mas sim a forma.

Mas não se engane, o Malhete é muito mais pesado do que o Maço, nele está impregnado todo peso da vida e do destino daqueles sob seu comando. O peso do Malhete é ainda multiplicado pela profundidade da justa moral daquele que o impunha, sendo um instrumento muito mais aterrorizante do que qualquer instrumento medieval de tortura já concebido, para aqueles que entendem o que um ato de injustiça pode causar na vida de um indivíduo.

---

[6] Disponível em: https://www.esquadroecompasso.pt/product/malhete-123-282/ Acesso em 10 de Janeiro de 2019.

A autoridade conferida ao presidente de uma oficina é um voto de confiança de todos, é o acreditar que podemos e seremos melhores do que já fomos e que juntos poderemos superar quaisquer dificuldades que possam vir a surgir no decorrer da caminhada.

Destaca-se que dentre as alfaias de um Venerável Mestre (O Malhete, A Espada e o Trono de Salomão), apenas o malhete pode ser transferido a alguém, situação essa constitucional e ritualística por conta da autoridade na condução dos trabalhos. Em uma sessão Maçônica, na ausência do Grão-Mestre (Geral ou Estadual) o Venerável Mestre em exercício em sua loja simbólica é indiscutivelmente a maior autoridade maçônica presente (sendo a maior autoridade que ele apenas o Pavilhão Nacional, que é superior ao Soberano Grão Mestre Geral do GOB ou ao Presidente da República Federativa do Brasil). Portanto, o Venerável Mestre apenas a transfere o malhete para condução dos trabalhos em dois casos específicos:

O **primeiro** é ao Grão-Mestre (Geral ou Estadual) quando em sua jurisdição, não sendo admitido a entrega de malhete a adjuntos ou representantes e;

O **segundo** é ao Presidente da Comissão Instaladora quando este devidamente instituído de autoridade, realizada a instalação e posse de um novo venerável, fazendo a justa transição de poder em uma oficina regular.

Infelizmente, não foram poucas as vezes em que foi possível observar que, a ambição e a vaidade ocuparam o coração e a mente daquele que deveria ser a representação da justiça, impondo sua autoridade de forma ditatorial, desmedida e destrutiva para com todos, fazendo nascer o sentimento separatista nos fragmentos restantes da oficina. Motivo gerador da proliferação desenfreada de tantas lojas, potências e designações que não tem outra motivação senão a política para surgirem e se sustentarem.

Um Venerável Mestre tem esse poder, o poder de unir a todos ou o poder de destruir a harmonia e condenar a loja ao sofrimento e, em alguns casos mais graves, ao abatimento de suas colunas. Motivo pelo qual a autoridade deve ser acompanhada do poder justo e da correta sabedoria nas decisões e ações.

6 UM OUTRO OLHAR SOBRE O TRONO DE SALOMÃO

Fonte Imagem: Massive Arts & Crafts Mathews Oak (2019)[7]

Na Ordem Maçônica, indiferente ao rito praticado ou a potência vinculada, é notório que o símbolo máximo de sabedoria em uma loja é o trono de Salomão que, juntamente com os demais símbolos de poder e autoridade (respectivamente a espada e o malhete) conferem ao Venerável Mestre os atributos e ferramentas simbólicas necessárias para o exercício de seu ofício de liderar e gerir os rumos da oficina.

---

[7]Disponível em: https://br.pinterest.com/pin/421508846358727915/?nic=1 Acesso em 10 de Janeiro de 2019.

O Trono de Salomão tem origem no contexto mítico no qual a Maçonaria está alicerçada (mesmo que um tanto quanto óbvio), as crônicas bíblicas envolvendo a construção do Templo de Jerusalém pelo filho do Rei Davi, o Rei Salomão faz parte tanto da tradição islâmica quanto cristã, sendo entretanto, pouco aprofundado em ambos registros, o que abriu margem para uma série de especulações e construções míticas envolvendo este que, segundo ambas as tradições, recebeu de Deus o dom da sabedoria divina. Assim, aqueles que simbolicamente ocupam seu lugar sucessório no Templo Maçônico (o qual é uma representação do Templo de Jerusalém) gozariam da mesma inspiração. Por conta disso é difícil tecer comentários sobre este símbolo sem adentrar a um conceito mais metafórico do que apenas simbólico, tratando-se de uma alegoria em essência, não obstante, impossível de ser comprovada cientificamente, mas inúmeras vezes presenciada, não é incomum encontrar aqueles que em momentos de crise na condução de uma oficina, quando devidamente predispostos, recebem notória inspiração do Trono de Salomão.

Não é por menos que, se fordes fiel aos princípios do cargo, agindo com sabedoria e principalmente impessoalidade, não poderá vir a ser responsabilizado pelos desdobros das ações e posições adotadas em detrimento da vontade coletiva.

Nas ciências humanas, entende-se que a sabedoria é resultado da prática constante dos conhecimentos e do acúmulo de experiências advindas dessa prática, traduzido popularmente pelo diálogo entre mestre e aprendiz: Aprendiz - Mestre, como faço para me tornar sábio? Mestre - Boas escolhas; Aprendiz - Mas como fazer boas escolhas? Mestre - Experiência; Aprendiz - E como adquirir experiência? Mestre - Más escolhas. Essa anedota popular ilustra bem que para se ter verdadeiramente sabedoria é necessário adquirir experiência com o passar do tempo e a prática constante com as ferramentas certas. Assim corroborando com a máxima de que você somente estará pronto para assumir a direção dos trabalhos em loja quando estiver deixando o cargo.

Neste contexto, a partir dos olhares sobre a Espada, o Malhete e o Trono de Salomão como sendo o conjunto de instrumentos de trabalhos de um Mestre Instalado no exercício do cargo de Venerável Mestre de uma oficina, toma-se a liberdade de se traçar um paralelo de interpretação filosófica o qual espero, seja um propulsionador de novos estudos e olhares para com algumas culturas que considero colaborativas na interpretação mítica dos símbolos maçônicos. Sugere-se, portanto, um olhar sobre a Espada na maçonaria, onde esta pode ser entendida miticamente como a Excalibur das Lendas Arturianas, a qual apenas poderia ser empunhada pelo verdadeiro rei da Inglaterra e que se utilizada para vis fins pessoais tornar-se-ia frágil a ponto de se estilhaçar na mão vaidosa, por isso se traduzindo no poder da justiça; em seguida tem-se um olhar sobre o Malhete como sendo miticamente a representação do próprio Mjölnir da MItologia Nórdica, o qual apenas poderia ser empunhado por aquele que fosse verdadeiramente digno de ter o poder de Thor; por fim, estas duas armas mitológicas somar-se-iam a Sabedoria Divina de Salomão, impregnada no Trono de seu sucessor, o qual guiaria as forças do Malhete e da Espada no correto sentido da Justiça e da Perfeição Maçônicas.

7 DEMAIS UTENSÍLIOS DE TRABALHOS DE UM VENERÁVEL MESTRE

Os instrumentos de trabalho de um aprendiz, de um companheiro e de um mestre em adição aos de um Mestre Instalado, pois os utensílios de trabalho de um Venerável Mestre, e que repercutem na experiência adquirida de um Mestre Instalado o qual já exerceu obrigatoriamente este ofício, acarretam significações e objetivos os quais direcionam a uma ação efetiva, sendo respectivamente instrumento/utensílio e representação: O Trono de Salomão (o qual representa a sabedoria); O Malhete (símbolo máximo da autoridade); A Espada Reta (emblema do poder justo); O Cordel (que nos lembra de seguir sempre um procedimento reto e justo); O Lápis (símbolo de uma cuidadosa observação e anotação); O Compasso (para que nossa mente e nosso espírito tenha sempre a prática das virtudes maçônicas em prioridade); A Régua de 24 Polegadas (símbolo do correto emprego de nosso tempo); A Alavanca (cuja força moral torna o trabalho possível); O Esquadro (para que nosso coração siga sempre com a retidão de princípios em nossas ações); O Nível (emblema da humildade, solidariedade e igualdade de sentimentos); O Prumo (para garantir a integridade na jornada); A Trolha (glorificação da obra através do trabalho e do trabalhador); O Maço (garantindo a força e o ímpeto necessário) e; O Cinzel (dando o foco e o direcionamento do esforço em loja).

Também está aos cuidados do Venerável Mestre (por ofício) e dos demais Mestres Instalados (por extensão) o cuidado para com a Carta Constitutiva da oficina, que, como bem descrito, pode até turvar sua escrita, mas nunca seu significado. Sendo esse um legado a ser transferido a cada um dos irmãos que um dia venham a ocupar este seleto posto por aclamação de todos, como um direito inalienável de toda verdadeira e justa democracia.

Nesse mesmo sentido, encontram-se sob os cuidados de um Mestre Instalado, tanto no exercício, como após deixar o Trono de Salomão, a Constituição do Grande Oriente do Brasil (ou daquela Potência a que a loja for jurisdicionada), o Regulamento Geral da Federação, a o Código Penal ou Disciplinar, os Decretos, Leis e Portarias, o Estatuto e o Regimento Interno da Loja e demais instrumentos legais e constitucionais da legalidade a que a oficina estiver sujeita, não apenas para o exercício dos princípios, leis, usos e costumes, mas em suporte ao Orador e a Gestão no correto caminhar dos acontecimentos.

8 AS PRÉDICAS DA INSTALAÇÃO

Ao término do cerimonial de instalação e posse de um novo presidente de uma oficina maçônica, o qual passará a exercer o cargo de Venerável Mestre e adquirirá para si a distinção honorífica de Mestre Instalado, tendo passado todos os procedimentos ritualísticos pautados na questão hiramítica, adentram-se as prédicas, que em suma traduz-se no sermão orientativo sobre a postura e direcionamento que uma oficina do Rito Moderno deve ter e que, por obrigação, um Mestre Instalado deve lutar para perpetuar (GOB, 2010). Pois tendo recebido a direção dos trabalhos da oficina a partir da confiança de seus irmãos, é preciso atender a expectativa de todos quanto a responsabilidade e o rigor, em especial no cumprimento dos deveres pelo alto cargo.

Não é por menos que a reputação e a honra de toda a oficia dependem da eficiência, da competência, do zelo e da habilidade com que serão desenvolvidos os trabalhos sob sua orientação. Não obstante o cumprimento da legislação configurada e traduzida através da Constituição, do Regimento Interno, do Estatuto, dos Procedimentos e do Regulamento Geral estão a cargo daquele que ocupa este posto, até que outro igualmente qualificado venha a ser considerado digno pelos irmãos do quadro para então assumir essa responsabilidade.

Mas não estás sozinho em sua caminhada, tens dois imediatos diretos, escolhidos por você, os quais compartilham tanto do bônus quanto do ônus dos elevados postos ocupados, afinal, necessitam estar verdadeiramente comprometidos com uma rigorosa execução de seus deveres, em especial na orientação dos aprendizes e companheiros. Aos Vigilantes também é imposto o dever de afastar a dúvida de qualquer um sob sua responsabilidade, visto que são, ou tornar-se-ão verdadeiros conhecedores dos princípios e leis de nossa veneranda instituição.

Quanto à postura, aos vigilantes é notório o uso do exemplo enquanto ferramenta pedagógica, mas indo além da simples utopia falaciosa, deveis repetir as virtudes de seus irmãos e corrigir em si mesmos seus defeitos, visto que estes defeitos são seu reflexo.

Enquanto uns ensinam e governam outros aprendem e obedecem. Essa é uma das maiores verdades a ser absorvida na ordem maçônica. Sempre é preciso estar disposto a aprender para poder governar, servir para poder liderar e proteger para poder usufruir.

E por fim, aos Mestres Instalados que podem estar em qualquer condição em uma oficina, deixo um velho e sábio recado com prédica a ser direcionada, um bom rei não almeja a guerra, mas está sempre preparado para ela, que sejam os Mestres Instalados os guardiões dos rumos da loja, garantindo que seu foco não se perca ou esmaeça com o passar dos anos da mesma forma que permanece imutável o significado da Carta Constitutiva, sem, entretanto esquecer que, se for ao custo da harmonia e do respeito à estrutura hierárquica, que sempre esteja calçado pela lei e pela concórdia, do contrário, se não tiver algo a acrescentar não diga nada, seu silêncio será sua arma e seu exemplo seu legado.

9 O CONSELHO DE MESTRES INSTALADOS

Acredito que este seja o momento mais delicado de toda discussão no que diz respeito ao Mestre Instalado. Afinal, se já é difícil atribuir qualquer substância a este pseudo-grau, mais tido por cargo não oficial e, corretamente definido como distinção honorífica, quanto mais imaginar a instituição de uma nova célula de autarquia no seio da oficina, quando muito dificilmente funciona a Câmara do Meio que já desperta olhares rebeldes dos demais maçons do quadro pela imposição hierárquica natural e necessária a gestão dos irmãos.

Porém, por mais que inexiste fundamento legal para interferência de qualquer espécie na condução dos trabalhos de uma oficina por parte de um ou mais Mestres Instalados, senão aquela prevista nos preceitos legais da Ordem, como por exemplo o Código Disciplinar Maçônico e o Conselho de Família. O Conselho de Mestres Instalados é legal e legítimo, possuindo previsão constitucional e ritualística para todos os Ritos Maçônicos no Grande Oriente do Brasil.

Para tanto, recorre-se ao descrito na Constituição do GOB (2007), através de seu Artigo 43 item III, o qual define as prerrogativas de um Mestre Instalado, em que consta que é necessário "constituir o Conselho de Mestres Instalados, quando reunidos em mais de três numa mesma Loja para a instalação do Venerável Mestre eleito", visto que apenas o conselho tem prerrogativa e autoridade para tal ato, conferindo-lhe legitimidade.

Deve-se entender que o Conselho de Mestres Instalados é para o Venerável Mestre em exercício um refúgio, uma fonte de inspiração onde a ele serão permitidos serem tratados assuntos que podem impactar profundamente a oficina, como por exemplo, situações envolvendo um ou mais mestres.

O Conselho não possui autoridade ou, ao menos não deveria possuir, para ditar rumos e futuros da oficina, ou então interferir administrativamente nos desígnios do quadro. O Conselho possui sim a prerrogativa de ser um repositório de conhecimentos, experiências e conselhos (no sentido de aconselhamento) onde o Venerável Mestre, o qual apesar de instalado legal e ritualisticamente no Trono de Salomão, não herda por osmose o conhecimento de todos aqueles que ali já estiveram.

Não que o Trono não seja de fato inspirador, como ele realmente é, mas na prática a inspiração não se torna ação sem uma força que a compila a sair da inércia.

Cabe ao conselho, quando este existir em uma oficina de forma harmônica e orgânica, ser o justo suporte ao Venerável, assim como qualquer outro mestre, mas com o diferencial de conhecer o peso do malhete e o fio da espada, já ter enfrentado dificuldades e, quando abençoado pela água benta do suor daqueles que labutam, ter sido exitoso na vitória ou estudioso na derrota.

Porque me refiro ao conselho de Mestres Instalados como uma célula orgânica? Me refiro assim pelo fato de que se há democracia isenta de vaidades entre os mestres instalados o conselho será naturalmente formado e prosperará para auxiliar na criação de um futuro auspicioso para todos, agora, se houver ditadura, tirania, ou o conselho for movido por vaidades, é melhor que este seja dissolvido com a mesma autoridade que ele imagina ter, para não correr o risco de que este venha a estilhaçar o seio da oficina por simples capricho. Afinal, a loja é permanente, nós é que somos passageiros.

10 CONSIDERAÇÕES HISTÓRICAS SOBRE O MESTRE INSTALADO

É um dos princípios basilares da Maçonaria Especulativa contemporânea o respeito e cumprimento dos Landmarks, os quais unidos aos antigos usos e costumes permitem que seja conferida legitimidade, regularidade e fundamento a qualquer rito ou potência maçônica. O mesmo se aplica a lenda hiramítica que cerca o terceiro grau, esta lenda é o fundamento filosófico sobre o qual se constroem as bases do simbolismo dos três primeiros graus, sendo devidamente incorporada à Constituição do Grande Oriente do Brasil (GOB, 2007) em seu Art. 2º o qual trata dos postulados universais da Instituição Maçônica, dos quais dou destaque aos:

> III - o simbolismo da Maçonaria Universal;
> IV - a divisão da Maçonaria Simbólica em três graus;
> V - a Lenda do Terceiro Grau e sua incorporação aos Rituais;

Mesmo que a maçonaria operativa não tivesse a figura do Mestre Maçom em seus trabalhos, muito menos a do Mestre Instalado, foi com o advento e desenvolvimento da Maçonaria Especulativa que surge o caráter filosófico, simbólico e mitológico da ordem. Até então além de existirem apenas aprendizes e companheiros enquanto títulos e atribuições, dentre os companheiros era eleito o mais experiente (em determinada construção) para ser o Mestre da Obra que, depois de concluídos os trabalhos deixa seu posto retornando ao status de simples companheiro.

Observa-se que o termo ou expressão Venerável Mestre tem sua origem no substantivo inglês *"worshipful"* o qual significa a qualidade de algo venerável, em relação direta com os cultos e dogmas que atribuem a reverencia a algo, normalmente de origem nobre, criando assim o dístico *"Worshipful Master"*, em português, Venerável Mestre o qual logo fora incorporado e assimilado por todos os círculos maçônicos, tendo sua origem mais remota nos meados do século XVII, segundo registros da Ordem. Período no qual já estava em curso a migração da maçonaria operativa para a maçonaria especulativa a partir da decadência das corporações de ofício e do estilo gótico amplamente utilizado em castelos e catedrais, o que coincide com a ascensão renascentista pelo velho mundo. Porém, o cerimonial específico de instalação de um novo Venerável Mestre, apesar de consideravelmente mais antigo, somente seria totalmente introduzido na Maçonaria a partir de 1810.

Esse modelo operativo é preservado em essência na maçonaria especulativa nos dois primeiros graus, os quais dispõem do uso incessante de ferramentas e alegorias pertinentes ao ofício de maçom, ou seja, a prática para com as ferramentas de trabalho dos construtores dos templos, mesmo que simbólica ou filosoficamente, restando aos mestres o planejamento e acompanhamento da obra e a instrução dos irmãos.

Todavia, o grau de Mestre Maçom surge no século XVIII a partir do ano de 1724 e devidamente efetivado na essência da Ordem em 1738, poucos anos após a fundação da Grande Loja Unida da Inglaterra em 1717 e logo em sequência da compilação da Constituição de Anderson de 1923 em ambos os acontecimentos já estava-se preparando a sociedade maçônica para o surgimento efetivo de mais um grau. Pode-se observar essa discrepância de períodos entre o surgimento do Venerável Mestre antes mesmo do Mestre Maçom nos respectivos conteúdos hiramíticos, onde o tempo é correlacionado.

Ao se adentrar ao 3º Grau, o maçom deixa de lado o uso laborativo das ferramentas e parte para a aplicabilidade dos conceitos, através do exemplo e da construção hiramítica da Ordem, modelo introduzido pela Maçonaria especulativa que passou a ter entre seus aceitos e iniciados, aqueles que detinham outros ofícios que não o labor construtivo, em especial nobres, artífices de outras áreas, cavaleiros, militares, bem como acadêmicos, políticos e filósofos. A esses homens livres que tornaram-se maçons especulativos não vinculados a arte da construção, chamavam de Aceitos, sendo uma das origens da expressão Maçons Livres e Aceitos, ao qual depois uniu-se ao debate ritualístico, simbólico e filosófico entre os Antigos e os Modernos.

Agora, a partir do foco no aperfeiçoamento moral, intelectual, filosófico e espiritual do homem como premissa fundamental a maçonaria, além do Mestre da Obra não mais retornar ao status de companheiro, fora criado o Grau de Mestre, ou o 3º Grau, sendo esse impregnado de atributos metafísicos e alegorias mitológicas para desenvolver a mente e o espírito (infelizmente também o ego e a vaidade), também o Mestre da Obra não mais seria tratado como um dos mestres, criando dentro do próprio 3º Grau um pseudo grau tido pela distinção honorífica de Mestre Instalado.

Por fim, não poderia deixar de fazer referência a transcrição de Venerável Mestre oriunda das lojas maçônicas da Alemanha, onde este recebia o nome de *"Meister Vom Stuhl"* o que significa em português "Mestre de Cátedra[8]" (ou ainda Mestre da Cadeira), traduzindo em essência o veneralato para a cultura germânica, pois Catedrático é o detentor da discreta imponência, sendo tido por sinônimo de Doutrinador, Ensinador ou Sábio, sendo entendido como aquele que é responsável por doutrinar a loja. Rememorando Pitágoras, a iniciação é a eterna busca do nosso eu superior, ou

---

[8] Uma cátedra é uma peça de mobiliário que se configura num assento (cadeira ou trono) de espaldar alto colocado num local estrado ou mais elevado de um recinto público onde podia ser notada à distância, muito comum em catedrais, salões nórdicos e castelos.

verdadeiro, sendo o Venerável este que detém o papel de guia em busca da verdade, mesmo que transitória.

11 AS COLUNAS DO TEMPLO

Mesmo que o entendimento padrão em toda maçonaria seja de que não há diferenças entre um mestre maçom e um mestre instalado, o mesmo é tido por toda a oficina como referência, portanto, um modelo a ser seguido por todos na maçonaria além de uma fonte de orientação e norteamento quanto aos princípios, conhecimentos e fundamentos do Rito Moderno, principalmente por aqueles que acabam de iniciar nos caminhos da Arte Real.

Um Mestre Instalado, por ter tido parte em todos os elementos iniciáticos pertinentes aos graus simbólicos de aprendiz, companheiro e mestre na maçonaria especulativa, coroa seu aprendizado com o cerimonial de instalação ao trono de Salomão, estando portanto, de posse de uma formação mais completa, ampla e sólida quanto aos elementos Simbólicos advindos das ferramentas de trabalho ritualístico, bem com para com às práticas e protocolos filosóficos e os conceitos, definições e históricos frente a constituição real da ordem maçônica, contando ainda com os conhecimentos hiramíticos e atributos oriundos de nossas lendas.

Sabe-se, entretanto, que nem sempre isso é comprovado na prática. Inexiste na Ordem alguém que detenha pleno conhecimento acerca de seu Rito base, quanto mais sobre todos os ritos reconhecidos e aceitos como legítimos, não apenas pelo volume considerável de informações que compreendem cada um dos ritos maçônicos, mas principalmente pela mutabilidade nos rituais, seus respectivos usos e costumes, princípios e leis que com o tempo variam de acordo com a mente daqueles que nos representam a frente da instituição.

Um bom exemplo dessa formação que vai além da teoria e se aventura pela prática está presente na Decoração do Templo para o Grau de Companheiro, onde observamos o disposto sobre as colunas J e B (Sobre a Col. B. (ao Sul) a Orbe Celeste e Sobre a Col. J. (ao Norte) a Orbe Terrestre), estas, observem, além da função de localização operativa do depósito das ferramentas e do local onde recebem respectivamente seus salários os aprendizes e companheiros, a função de dar a dimensão filosófica da ordem, em que sua extensão de força é o território terrestre e sua dimensão de beleza é o território celeste, pois a força é física e a beleza é espiritual.

Além disso existe uma grande discussão ritualística entre diferentes ritos e faltam argumentos históricos para dissipar o véu do oculto e trazer a luz da razão para com as posições das respectivas colunas, para tanto, resta a seguinte pergunta a ser elucidada, por que as colunas encontram-se respectivamente, a Col. B. ao Sul e a Col. J. ao Norte no Rito Moderno?

Em virtude de alterações ritualísticas ao longo da história, muito se tem discutido sobre a posição das colunas J. e B. nos Templos maçônicos, isso torna-se ainda mais nebuloso quando, ao serem consultados os registros bíblicos constata-se que existem as mesmas discordâncias, como pode ser observado no Livro dos Reis (Cap. 7, Vers. 21) e no Livro II Crônicas (Cap. 3, Vers. 17).

Impera no Rito Moderno (ou Francês) a interpretação de que, como o Sanctum Sanctorum está disposto no Oriente, a visão do Sumo Sacerdote ao olhar o Ocidente coloca as colunas na referida posição (J. ao Sul e B. ao Norte), esse posicionamento é descrito no Livro II Crônicas (Cap. 3, vers. 17) onde consta que: "E levantou as colunas diante do templo, uma à direita, e outra à esquerda; e chamou o nome da que estava à direita J., e o nome da que estava à esquerda B.". Considerando-se que se o observador está disposto no Oriente que situa-se a Leste, tem-se por simples constatação que o Norte está a Direita e o Sul está a Esquerda de quem observa do Oriente.

Porém, segundo relato Bíblico, no Livro dos Reis (cap. 7 - vers. 21) é apresentado que "Ele levantou as colunas na frente do pórtico do templo. Deu o nome de J. à coluna ao sul e de B. à coluna ao norte", sendo assim as colunas encontravam-se dispostas a partir de uma posição cardeal, fundamento adotado em outros ritos respeitando o simbolismo no qual se acomodam ao Norte os Aprendizes e ao Sul os Companheiros.

Entretanto, corroborando com a confusão mítico-histórica ou mítico-simbólica, tanto no Rito Moderno (ou Francês), como no Rito Adonhiramita (ambos de origem Francesa conhecidos por ritos azuis) decidiram por inverter as colunas (mas não o assento dos aprendizes e companheiros) em 1730 motivados pelas consequências do lançamento do livro Maçonaria Dissecada, de autoria de Samuel Pritchard (o qual traiu a ordem revelando seus segredos), motivando modificações nos Ritos e Rituais para confundir curiosos profanos que tentavam ingressar nos trabalhos, sendo que estas modificações permanecem inalteradas nos Rituais oficiais até o presente. Porém existem registros em rituais anteriores a 1730 que já situavam as colunas no sentido atual (J. ao Norte e B. ao Sul) o que indica que houveram outras modificações ao longo da história o que prejudica ainda mais uma posição concreta e fundamentada sobre o posicionamento correto.

12 O MONOMITO

O Monomito, (popularmente conhecido como a Jornada do herói), é um conceito de jornada épica o qual é vista, construída e analisada de forma cíclica. Este tipo de narrativa está presente na mitologia de forma ampla, onde pode ser constatada por Campbell em praticamente todas as culturas do mundo. O fato de Joseph Campbell ser um conhecido antropólogo auxiliou muito na construção de seus modelos teóricos, os quais são um guia na construção literária contemporânea.

Um ponto que pode ser explorado, é que o Monomito não é apenas o modelo situacional o qual se utilizam grandes contadores de histórias (agrupando-os juntos sob um único título), mas também é aplicável às mais marcantes experiências que vivenciamos em nossa trajetória.

Assim, não é possível iniciar a tecedura de meus comentários sem primeiro enaltecer o trabalho realizado por Joseph Campbell, em especial o seu famigerado livro **"O Herói de Mil Faces"** publicado nos Estados Unidos no ano de 1949. É sobre este trabalho que traço minhas análises, não fazendo uma análise interpretativa ou a simples resenha crítica do já citado livro, mas sim, partindo dos olhares sobre a estrutura fundamental de uma narrativa épica e sua necessidade na atual construção do caráter de uma sociedade.

A partir dessa pseudo-introdução será possível ao leitor um olhar mais apurado dos demais capítulos que se desenrolam neste trabalho. Visto que os processos são cíclicos e a história é fadada a se repetir para aqueles que não a compreendem ou aprendem com suas lições.

A jornada do herói a que todos nós estamos imersos na contemporaneidade, trata-se de uma verdade velada, sem necessidade de uma resposta direta mas, por acaso, você já se perguntou de onde vem nosso interesse por mitos, lendas, contos e histórias? porque essas narrativas tanto nos cativam e atualmente movem bilhões de dólares em um mercado de entretenimento sempre em expansão?

A resposta é mais simples do que imaginamos. Estamos envoltos em histórias as quais moldam nossa visão de mundo. Seja um seriado, uma animação, uma novela, um livro, um filme e outras variantes que nos prendem como por exemplo as lendas hiramíticas que são base para o ofício de maçom.

Segundo Campbell bem constrói em seus estudos, tudo é devido a dois fatores:

• O **primeiro** é a construção da história, sua arquitetura e narrativa a qual segue sim, uma receita de grande sucesso e comprovadamente aceita como épica ao longo da história das sociedades humanas, o conceito de Monomito (defendido por Campbell).

• O **segundo** é a necessidade que cada indivíduo possui de preencher as lacunas deixadas em sua personalidade, sua criação/formação. trata-se da busca incessante por respostas as quais nem a ciência é capaz de suprir.

De uma perspectiva até religiosa, podemos citar inúmeras passagens bíblicas onde a narrativa nos apresenta salmos, provérbios e parábolas para ensinar aquilo que não seria

aprendido facilmente em um discurso direto. Trata-se de se utilizar uma história dentro de uma história (enquanto narrativa bibliográfica e não se levando em conta o mérito ou veracidade). Essas parábolas buscam trazer o contexto de formação moral e cívica necessária a sociedade, preenchendo lacunas deixadas pela lei e pelo estado, mas não conflitando com a cultura e formação advinda do seio familiar.

Sair da casa do seu pai, estudar, trabalhar, conquistar a mulher amada, trilhar a vida adulta, buscar apoio, seja ele psicológico, familiar ou espiritual para as dificuldades e construir um caminho, onde o resultado é incerto mas a caminhada é sim o grande tesouro de nosso íntimo, pois, seja pelo amor ou pela dor, a jornada do herói explica o motivo pelo qual grandes experiências de vida são para nós inesquecíveis, enquanto que outras não mais nos recordamos.

Salienta-se que essas histórias são um tipo de comunicação presente nas sociedades humanas, sejam contos sobre a criação do mundo, das espécies, dos deuses e demônios, dos ritos e rituais com os quais se consolidam essas mesmas sociedades numa mescla de estratégias que variam desde narrativas orais, músicas, escritos, estruturas físicas, templos, símbolos e qualquer adoção de ferramentas que venham a fortalecer a história com o objetivo de persuadir e instruir a audiência sobre um posicionamento acerca da visão de quem as conta.

Esta estratégia auxilia a construir a concepção de mundo que grupos sociais compreendem como verdade. Quanto mais convincente for o meio pelo qual a história se disponibiliza mais pessoas a terão como verdade, como por exemplo a narração radiofônica de "A Guerra dos Mundos"[9] em 1938 a qual provocou pânico na costa leste

---

[9] Dramatizando o livro de ficção científica *A Guerra dos Mundos*, do escritor inglês Herbert George

dos Estados Unidos depois dos ouvintes acreditarem que realmente estava acontecendo uma invasão extraterrestre.

Quando compartilhamos histórias estamos também compartilhando valores e visões de mundo e o tipo de história que mais agrada ao público, prendendo sua atenção são as narrativas que têm por base a Jornada do Herói. Tanto que essa foi a construção histórica que George Lucas utilizou na elaboração do universo de Star Wars (incluindo filmes, jogos, livros, cultura, desenhos e demais elementos de um grande universo compartilhado), sendo inegável seu sucesso, não apenas pela arrecadação milionária das bilheterias de salas de cinema pelo mundo, mas também pelas consequências desses contos, vindo a se construir até um novo credo religioso a partir do mundo apresentado. Um verdadeiro fenômeno da cultura POP sem um limite conhecido, visto que as estratégias e elementos desse mundo ainda influenciam todas as produções seguintes. Realmente, neste caso foi aberta a caixa de pandora[10] no mundo dos Easter Eggs[11] de referência a esta produção.

A partir do trabalho de Campbell, Christopher Vogler resumiu a Jornada do Herói em 12 estágios cíclicos, os quais traduzem a maioria das histórias de sucesso apresentadas desde as mais antigas narrativas humanas até a atual cultura POP. São eles:

I - O Mundo Comum - Este é o mundo normal, o cotidiano do personagem principal de uma narrativa tido como herói, ou seja, é o dia a dia antes do desenrolar da história. Até este momento o personagem principal não se envolve diretamente com os acontecimentos futuros, apenas vive sua vida sem grandes movimentos, muitas vezes não tendo informações sobre o universo que o cerca e em outros casos não se importando com os acontecimentos enquanto não o afetam..

II - O Chamado da Aventura - Este é o momento em que a história chega até nosso herói, um acontecimento que faz com que ele se inteire de um novo mundo de possibilidades, seja ele uma aventura, um desafio, um projeto, qualquer coisa que se apresente fora do contexto do cotidiano em que ele estava. Aqui ocorre um chamamento a mudança, quando não mais é possível colocar-se imparcialmente aos acontecimentos externos ao seu cotidiano.

III - A Recusa do Chamado - Todo objeto em movimento, tende a continuar em movimento enquanto que todo objeto parado tende a continuar parado, essa máxima da física se aplica também aos costumes, principalmente frente às adversidades e desafios que surgem pelo caminho. Não é incomum que a primeira resposta a mudança seja uma

---

Wells.

[10] Mito grego que representa um objeto no qual estavam dispostos todos os males da humanidade que foi aberto por acidente, restando apenas em seu interior a esperança.

[11] Termo da área de informática que representa algum segredo de caráter humorístico escondido em qualquer tipo de sistema virtual, incluindo músicas, filmes, websites, jogos eletrônicos, etc. São algo como "pegadinhas virtuais".

negativa, pois a zona de conforto em que estamos inseridos é tentadora e muito mais cômoda. Da mesma forma existem aqueles que estão em um ritmo constante de mudanças e que apenas esperam modificações no percurso para dar sentido a sua própria existência. A primeira lei de Newton (ou lei da inércia) define bem esse aspecto ao discorrer que: *"Todo corpo permanece parado ou em movimento retilíneo uniforme (MRU) a menos que uma força seja aplicada nele"*. É assim que a maioria das histórias que mais nos encantam é contada, justamente para exemplificar a superação aos desafios, principalmente os internos. Assim, é comum nos contos e histórias ao redor do mundo a identificação do espectador para com aqueles que superam suas limitações e abraçam o caminho. Mas este é o segredo.

IV - O Auxílio Sobrenatural - A força que nos move a continuar e seguir em frente perante os desafios citada anteriormente é justamente a motivação inicial a buscar o devido preparo. Este preparo é o treinamento essencial para se enfrentar os desafios que surgirão no caminho. Normalmente advindos de um orientador ou um mestre que, em sua jornada conhece os perigos que o herói irá enfrentar e busca, através de sua experiência, preparar este mesmo herói. Trata-se de um chamado que beira a inspiração divina, mesmo que decorrente do infortúnio ou do acaso. Este encontro busca elucidar que é dever do herói e sua obrigação em um sentido quase mítico (ou, quem sabe, numa análise mais apurada mítico de fato), sobrepujar seus medos e trilhar o caminho. Nesse sentido, o mestre é aquele que, ou identifica no herói a força necessária a transpor o desafio, mas que este, por não se conhecer a fundo, desconhece suas próprias aptidões, ou então é parte de um passado, onde provocou ou não pode evitar os acontecimentos do presente e necessita que outros venham a concluir seu trabalho e deem seguimento a seu legado.

V - A Passagem pelo Primeiro Limiar - É aqui que nosso personagem principal, o herói, deve deixar o conforto do seu mundo conhecido e adentrar as portas de uma nova vida. Este momento é um divisor de águas na jornada, pois é um momento sem volta, onde é apresentada toda uma nova realidade ao personagem que muda sensivelmente a forma como o herói vê o mundo ao seu redor. Normalmente reforçado por um acontecimento que o obriga a reagir ao mundo e tomar seu lugar nos acontecimentos, não mais podendo permanecer alheio e em muitos casos não tendo mais para onde retornar antes de resolver os desafios que foram apresentados.

VI - O Ventre da Baleia - É nesse momento que a história se desenvolve e existe uma ilusória sensação de que o caminho a ser percorrido será fácil. Nesta etapa da jornada são construídas as novas relações de amizade que dão sustentação emocional, de recursos e ganho de experiência ao herói. Trata-se da continuidade do processo de aprendizagem e construção do personagem. Mesmo existindo diversos testes nesta etapa, eles são deveras simples e fáceis de se superar, afinal o personagem precisa construir suas bases de confiança e adquirir o mínimo de experiência para o que está por vir. É ainda nessa fase que as regras desse novo mundo são aprendidas pelo herói.

VII - Aproximação - Segue adiante o processo de aprendizagem, sempre adquirindo certo êxito no percurso. Essa experiência positiva que o herói dispõe o leva a ter uma falsa percepção de que está em pleno controle do caminho que escolheu. Trata-se de uma postura perigosa em que não apenas existe uma falsa percepção de controle, como a sequência de sucessos em suas ações ilude o personagem quanto às consequências de seus atos e o impacto de suas ações em outros elementos do contexto que até então não enxergavam no personagem um potencial a ser enfrentado.

VIII - Provação difícil ou traumática - Momento de reviravolta, trata-se do clímax negativo da trajetória, onde o herói prova, em muitos casos a própria morte ou o desapontamento que o faz reconsiderar suas capacidades. É nesse momento que surgem os desafios mais obscuros onde a dor e o calor da batalha cobram seu preço. Afinal, o aço é forjado sob pressão e no calor da fornalha. É aqui que a pseudo-arrogância advinda de uma sucessão de pequenos sucessos cobra seu preço, afinal os grandes desafios apenas se apresentarão a aqueles que potencialmente podem influenciar a trajetória dos fatos. Existe um ditado que diz que "quando você olha para o abismo o abismo olha para você". Ou seja, os maiores desafios virão ao encontro daqueles que o buscarem.

IX - Recompensa - Passada a crise, o personagem a sobrepõe e encontra seu caminho novamente. É nesse momento que a primeira grande recompensa surge. Do triunfo sobre a morte e a dificuldade, nosso personagem heróico retorna para garantir seu lugar de direito junto aos vencedores e assumir a frente de seu destino no cumprimento dos desafios. A recompensa pode vir de inúmeras formas, desde o caloroso reencontro com a pessoa amada, até a conquista do item miraculoso que garantirá a retomada de sua vida cotidiana.

X - O Caminho de Volta - Tão importante quanto iniciar uma jornada é concluí-la de forma adequada. Lembrando que as experiências advindas da jornada modificam não somente a forma como o herói enxerga o mundo onde vivia, como também podem modificar externamente esse personagem, fazendo com que o seu antigo eu tenha deixado de existir.

XI - Ressurreição do Herói - Outro momento que normalmente se apresenta durante o retorno do herói ao seu mundo é o último e derradeiro desafio, podendo ser desde o aparecimento de um inimigo restante até a necessidade de se sacrificar pelo bem maior. Essa última provação é a comprovação de que o personagem foi realmente a melhor escolha do destino, tornando-o verdadeiramente um herói. Neste ponto também é colocada à prova as habilidades e o conhecimento advindo da jornada, ou seja, é aqui que surge a última e derradeira batalha quando tudo já parecia concluído. Sendo muitas vezes necessário concluir, mesmo que a contragosto o trabalho que fora deixado inacabado devido ao caráter do herói, como a recusa em eliminar o maior inimigo para não tornar-se igual a ele.

XII - Regresso com o Elixir - Terminada a jornada é hora de utilizar o que aprendeu em prol daqueles que ficaram pelo caminho, seja na obtenção de espólios da batalha, seja no uso de suas novas habilidades para construção de um mundo melhor. O dito elixir conquistado é uma figura de linguagem que faz com que os louros da jornada transformem-se em benesses a comunidade ou família do nosso herói. Lembrando que o mundo e nosso personagem, o herói, nunca mais serão os mesmos depois de concluída a jornada.

Não são poucos os personagens relacionados com a maçonaria que foram construídos seguindo-se esta mesma receita padrão para a definição de um herói, esse modelo que Campbell tão bem esmiuçou reflete também a nossa jornada pelas veredas maçônicas, em especial quando deixamos de ser protagonistas para sermos impulsionadores das histórias de nossos irmãos.

13 O DILEMA DO HERÓI

Por vezes nos encontramos enfrentando os ditos dilemas em uma convivência harmônica para com os irmãos e com a sociedade, principalmente se formos considerar a necessária capacidade de orientar e aconselhar sem interferir.

Mais difícil do que gerir uma oficina é estar preparado para deixar a venerabilidade, afinal o poder é tentador e não foram poucas as vezes que presenciei aqueles que deveriam dar e ser exemplo, sucumbirem a tentação de tornarem-se ad-eternum os regentes do saber e a fonte inspiradora de um oficina.

Inspiradora no sentido de serem desafiados por aqueles que notadamente crescem e buscam a liberdade absoluta de pensamento, a tolerância e o respeito mútuo com os quais é possível trilhar as veredas do Rito Moderno em sua maior essência, aquela nascida das sangrentas lutas pela liberdade.

Buscando trazer alguns novos antigos conceitos a já pesada consciência daqueles que deram suas contribuições à gestão de uma oficina, trago aqui pequenos dilemas e anedotas morais as quais servirão de inspiração para futuras instruções em loja e sim, suporte aos necessários conselhos daqueles que já enfrentaram os mesmos dilemas e problemas que as gestões e gerações futuras.

Dessa forma, como propulsor de futuras instruções e a partir da simbologia no grau de Mestre, dos conhecimentos advindos do Trono de Salomão e com base nos conhecimentos advindos do Hermetismo, da Alquimia, da Metafísica e da Física Quântica, passo a descrever os ensaios os quais sugiro aprofundamento futuro.

Para tanto questiono, até onde você estaria disposto a se sacrificar pelo bem maior? Sacrificar seu tempo, sua liberdade, suas vontades, seus desejos, sua felicidade, sua família, seus amigos ou qualquer outro que possua relativo valor a ti, em prol de algo além de nós mesmos? E você estando ciente das consequências desse sacrifício estaria disposto a arcar com isso?

Essas e outras perguntas surgem sempre que nos questionamos e demonstramos o desejo de colher as glórias dos feitos de nossos ídolos e heróis, mas estamos preparados para o peso da responsabilidade e o dilema moral que isso acarretaria?

Essas e outras perguntas permeiam o pensamento daqueles que anseiam pelo gozo do auxílio ao próximo mas, nem sempre estamos atentos ao peso que esta decisão carrega em seu íntimo. Mesmo que seja de senso comum que não podemos salvar a todos, normalmente não pensamos nisso até que a situação nos obrigue a escolher quem vive ou morre em benefício da coletividade.

Surge então o dilema do herói, que vem ao encontro das escolhas que são necessárias ao se confrontar com a dura realidade. E nesse dilema se encontram desde os mais poderosos heróis até os mais simplórios coadjuvantes de todas as narrativas, lembrando que dilema por si significa na:

> FILOSOFIA: raciocínio que parte de premissas contraditórias e mutuamente excludentes, mas que paradoxalmente terminam por fundamentar uma mesma conclusão [Em um dilema, ocorre a necessidade de uma escolha entre alternativas opostas A e B, que resultará em uma conclusão ou consequência C, que deriva necessariamente tanto de A quanto de B.]. POR EXTENSÃO: necessidade de escolher entre duas saídas contraditórias e igualmente insatisfatórias.

Em um contexto mais contemporâneo, você estaria disposto a sacrificar alguém, condenando-o à morte e ao sofrimento para que pudesse salvar outras pessoas da morte certa?

Exemplificando um pouco essa questão, imagine-se na direção de um carro em alta velocidade, na situação você socorreu e está transportando uma mulher grávida, acompanhada de duas crianças de colo entrando em trabalho de parto, de repente, após uma curva surge uma criança de 6 anos brincando no meio da pista e três mulheres na calçada, não há espaço para desviar, não há tempo para frear o carro e sair da pista provocaria a morte sua e dos passageiros, o que você faz? Você atropelaria a criança, um ser inocente? Você desviaria da criança e atropelaria as três mulheres na calçada? Ou você tiraria o carro da estrada, capotando e matando a mulher gravida com os filhos? Você não tem tempo, nem escolhas diferentes para fazer e não surgirá nenhum fato miraculoso o qual resolveria a situação.

Sim, a vida é feita de escolhas, somos impelidos constantemente a tomar decisões que, mesmo na omissão, a qual também é uma decisão e precisamos arcar com as resultantes consequências advindas de seu resultado.

Lidar com isso não é simples, ou fácil, tudo que fazemos retorna para nós de alguma forma e não é incomum que esta forma nos surpreenda, seja positiva ou negativamente, afinal, não controlamos o caos que nos cerca.

Fazer algo e arcar com os riscos ou não fazer nada e assumir as consequências? Trilhar à direita ou à esquerda e seguir o caminho que se apresentar, sem nunca saber o verdadeiro destino e seus custos para alcançá-lo?

Escolher entre um indivíduo conhecido ou entre milhares de desconhecidos e estar disposto a viver o restante dos dias com o peso de incontáveis possibilidades que deixaram de existir por sua causa? Esses são os dilemas que cercam cada um de nós a cada instante de nossa existência. E você? Está disposto a pagar o preço?

14 A ESPADA DE DÂMOCLES

Fonte: Imagens públicas da internet.

Não foram poucas as vezes que escutei conhecidos mencionarem que estão com a espada sobre a nuca em situações de pressão e crise eminente, perguntava-me o porquê dessa colocação, se era apenas pela possível retaliação ou pelo receio das consequências do não sucesso em determinada empreitada. Essa dúvida me levou a fazer uma pequena pesquisa para entender melhor a motivação desse tipo de colocação. Fiquei surpreso em conhecer a anedota moral da qual a expressão surgiu e de maneira simples a compartilho com você leitor a qual, a partir daqui torna-se um dos fundamentos sobre o qual o peso das responsabilidades são medidos.

Reza a lenda que certa vez na corte do Tirano Dionísio (de Siracusa), um cortesão bajulador conhecido por Dâmocles, ao enaltecer Dionísio sobre o quanto este era afortunado por ser detentor de tamanho poder e autoridade, recebe de seu governante a proposta de assumir seu lugar por um dia.

Entretanto, Dionísio solicita que seja preso sobre o trono uma espada presa apenas por um fio de rabo de cavalo, antes de Dâmocles poder usufruir das riquezas, farturas e vantagens carnais deste auto posto.

Ao entender o que poderia lhe acontecer, Dâmocles declinou da proposta feita por Dionísio por não ver mais vantagens neste auto posto em virtude do preço que haveria de ser pago em algum momento por tamanho benefício.

A espada de Dâmocles é uma alusão usada para representar a insegurança daqueles que detêm grande poder, sempre existindo a possibilidade do poder ser tomado de repente, provocando em Dâmocles um grande sentimento de danação iminente.

Esta pequena anedota moral traz em seu íntimo uma grande verdade, não existe poder e notoriedade sem um preço a ser pago. Afinal, apenas não corre o risco de perder tudo, aquele que nada tem a perder.

Tudo lhe pode ser tomado de assalto, sem aviso e no pior momento possível, motivo pelo qual poucos têm a coragem necessária para galgar os degraus da liderança (e do poder), mesmo que todos querem o status advindo do título, quando descobrem as incertezas, as inseguranças e o preço a ser pago pela instabilidade, desistem e recolhem-se ao posto de críticos ferrenhos em contrapartida de suas frustrações daqueles que ousaram trilhar o caminho.

A estes que são movidos pela inveja, deixa-se a seguinte reflexão: quer estar onde estou, trilhe o mesmo caminho que eu e supere as dificuldades para então colher os mesmos resultados. Paralelamente, esteja preparado para as mesmas consequências, adversidade e desafios aos quais tive que arcar ao longo do caminho.

15 DEUS EX MACHINA

Fonte: Imagens públicas da internet - adaptado do original

Quem nunca observou que no desenrolar de uma história, quando tudo parecia perdido e o fim era iminente, que de repente surgia algo que modifica tudo? Sim, este é um daqueles casos em que do nada, seja por acaso, seja proposital, algo ou alguém vinha e resolvia miraculosamente a trama, por vezes prejudicando diretamente o enredo e pondo a narrativa em descrédito.

Vale salientar que as narrativas ocupam um lugar de destaque na formação humana, não apenas como entretenimento, mas principalmente como preenchimento das lacunas de nossa formação, afinal somos o que consumimos.

Para entender melhor, digamos que um exército está sendo derrotado em batalha, restando apenas uns cinquenta soldados contra dois mil adversários, tudo parecia perdido e todos já estavam cientes do resultado, de repente surge um meteoro e dizima os dois mil soldados adversários deixando ilesos os cinquenta.

Não haviam indícios de que isso poderia acontecer, nada que levasse a supor a possibilidade de uma "interferência divina", mas aconteceu e eles saem vitoriosos da morte certa. Em outro exemplo, digamos que você esteja caminhando na rua e de repente alguém lhe assalta, você está parado, imóvel pelo medo e o assaltante, com a arma em punho vem pra cima para lhe agredir, de repente, do nada, cai uma geladeira na cabeça dele e o mata, ou então ele é atropelado por um caminhão desgovernado que surge inesperadamente, preservando sua integridade. A esses tipos de intervenção que nos mitos, lendas e credos chamamos de Deus Ex Machina.

Deus Ex Machina (ou literalmente Deus da Máquina) é um termo que se refere ao surgimento de um personagem, um artefato ou mesmo um evento inesperado, artificial e normalmente improvável o qual é introduzido repentinamente no contexto de uma narrativa e que surge exclusivamente para resolver a situação e dar desfecho ao enredo. Se a espada de Dâmocles é o preço a ser pago, Deus Ex Machina é o bálsamo, o elixir que dissipa o véu da circunstância.

Em resumo simplificado, um Deus Ex Machina nada mais é do que uma solução que você não tem ou não teria como prever com base simplesmente naquilo que se sabia até então e de repente, como que por mero acaso despretensioso, as regras do jogo mudam de forma repentina e algo que não tinha acontecido nos últimos milhares, senão milhões de anos aconteceu surge apresentando uma solução totalmente improvável ao dilema.

A título de informação, o termo surgiu nos teatros clássicos da grécia, quando um Deus surgia pendurado por cabos de um guindaste para resolver a trama e amarrar todas as pontas soltas da história e depois subia da mesma forma, esse personagem era literalmente um Deus que vinha pela máquina, daí o termo em seu sentido direto Deus das máquinas. Atualmente o termo se aplica a toda intervenção sem explicação numa clara demonstração de preguiça intelectual por parte dos autores que, sem um enredo melhor, fecham sua história de maneira mais otimista.

Não é incomum que, graças a esse recurso muitos daqueles que se nutrem de narrativas para compor sua personalidade desenvolvam esperanças em soluções mágicas, místicas, espirituais e totalmente infundadas. Não é ruim ter esperança ou fé de que alguma coisa venha a dar o suporte necessário em um momento difícil, mas é nocivo e improdutivo esperar que alguma coisa ou alguém sempre venha ao seu alcance na dificuldade e te livre do trabalho árduo necessário a superação dos desafios.

É bom ter fé, é preciso acreditar em algo maior que nós mesmos e ter a confiança de que não seremos abandonados, mas é preciso trabalho e perseverança, ou o universo não conspirará para o tão almejado auxílio.

Prepare-se sempre, estude, trabalhe, cultive amizades e defenda a família. É através desses elementos que normalmente somos agraciados por soluções nos momentos de dificuldade. Não fique esperando que o Deus Ex Machina venha para solucionar todos os seus problemas. Seja você mesmo o protagonista de sua história e assim, quando realmente vier uma "intervenção divina", você tenha a certeza de que essa foi a contrapartida ao seu esforço, dando o devido mérito e atenção de quem ou o que quer que seja.

16 O GATO DE SCHRÖDINGER

De todas as anedotas intelectuais de que dispomos neste incrível universo da comunicação no qual nos encontramos, com toda certeza, um dos maiores trovadores de mentes é o experimento mental do Gato de Schödinger, afinal o gato está vivo ou morto?

Fonte: Elaborado pelo autor

Em suma, o experimento é relativamente simples, mas pode desenrolar-se em infinitas possibilidades de instruções e construções filosóficas as quais fica o desafio de desbravar. Schrödinger (1935) explica que:

> Qualquer um pode mesmo montar casos bem ridículos. Um gato é trancado dentro de uma câmara de aço, juntamente com o dispositivo seguinte (que devemos preservar da interferência directa do gato): num tubo contador Geiger há uma pequena porção de

substância radioativa, *tão* pequena que *talvez*, no decurso de uma hora, um dos seus átomos decaia, mas também, com igual probabilidade, talvez nenhum se decaia; se isso acontecer, o tubo contador liberta uma descarga e através de um relé solta um martelo que estilhaça um pequeno frasco com ácido cianídrico. Se deixarmos todo este sistema isolado durante uma hora, então diremos que o gato ainda vive, *se* nenhum átomo decaiu durante esse tempo. A função-Ψ do sistema como um todo iria expressar isto contendo em si mesma o gato vivo e o gato morto simultaneamente ou dispostos em partes iguais.

É típico destes casos que uma indeterminação originalmente confinada ao domínio atômico venha a transformar-se numa indeterminação macroscópica, a qual pode então ser resolvida pela observação direta. Isso previne-nos de tão ingenuamente aceitarmos como válido um "modelo impreciso" para representar a realidade. Em si mesma esta pode não incorporar nada de obscuro ou contraditório. Há uma diferença entre uma fotografia tremida ou desfocada e um instantâneo de nuvens e bancos de nevoeiro.

O experimento consiste, como já visto, em um gato preso dentro de uma caixa. Este experimento proposto pelo físico austríaco Erwin Schrödinger no ano de 1935 para demostrar de forma simples os complexos estados de superposição quântica, para tanto, a partir da física das possibilidades (física quântica) somente saberemos se o gato está vivo ou morto se abrirmos a caixa, determinando que o gato assuma uma das possibilidades, ou seja, teremos sentenciado o gato a viver ou a morrer, pois até então o mesmo gato estava em um estado tanto vivo quanto morto.

Para Schödinger, o mais importante é que, enquanto não for confirmado o estado do Gato, ele tanto está vivo quanto está morto, ambas as posições ou suposição estão tanto certas quanto erradas e isso é mais importante do que saber realmente se o gato está vivo ou morto, pois a certeza sentenciaria a uma única possibilidade, sendo em suma, este o princípio um paralelo intimamente ligado ao Princípio da Incerteza de Heisenberg.

O **Gato de Schrödinger** é uma experiência mental descrita em um paradoxo, com o objetivo de ilustrar a interpretação de Copenhague da mecânica quântica aplicando-a a objetos do dia-a-dia. Os quais compõem-se pelo emaranhamento de estados e constitui *de* fato e traz à tona questionamentos quanto à natureza do "observador" e da "observação" na mecânica quântica e foi no transcurso desse experimento que Schrödinger criou o termo *Verschränkung* (em português, entrelaçamento).

O estado de superposição quântica proposto por Schrödinger, acontece justamente quando for desconhecido o estado real de um objeto. Se não puder identificar com certeza um estado para o corpo em questão, diz-se que este corpo está em todos os estados possíveis. Sendo que não é possível dizer que o gato não está em estado nenhum, pois foi colocado dentro na caixa por nós mesmos, o que lhe confere a autenticidade para o ato, pois sabe-se que ele está lá.

17 SER OU NÃO SER

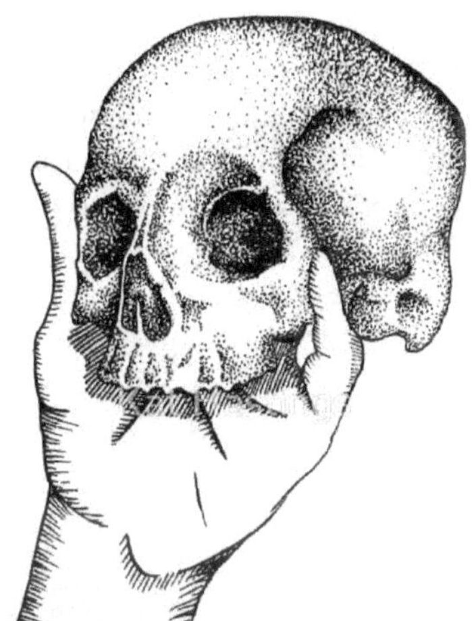

Fonte: Imagens públicas da internet - adaptado do original

Eis aqui uma das mais famosas frases da literatura mundial, a expressão "Ser ou não ser, eis a questão" tem sua origem na peça A tragédia de Hamlet, príncipe da Dinamarca, de William Shakespeare, mais precisamente no Ato III em sua Cena I. Esta frase que também é uma anedota moral, é frequentemente usada como um jargão de cunho filosófico profundo e, porque não, inquietante.

Para a maçonaria e, mais precisamente, para o Mestre Instalado, a frase deve ser um pouco atualizada para "Ser ou Estar Maçom, eis a questão…"

Brincadeiras a parte, é exatamente esta indagação que nutre o íntimo de cada um que já trilhou alguns parcos anos na instituição, pois da mesma forma que estamos na maçonaria, devemos nos perguntar se somos maçons.

Ser ou Estar traz consigo um dilema de cunho duplo, se somos maçons ou estamos na ordem, ou se somos um cargo ou estamos nele transitoriamente enquanto somos úteis.

Acredito que ambos estão corretos, pois devemos ser maçons e estar disponíveis para suprir as necessidades operativas de uma oficina.

Há ainda outra questão a ser analisada, surgida da uma das mais célebres frases de para-choque de nossa ordem "Não espere o que a Maçonaria pode fazer por Você, mas sim o que Você pode fazer pela Maçonaria". Como disse, uma belíssima frase de para-choque, que lembram aquelas vãs reflexões transcritas nos para-choques de caminhões pelas estradas brasileiras e que tão fortemente podem tocar nosso íntimo, pois apesar de soar piegas são na verdade profundas e fáceis de se interiorizar.

Portanto, devemos ser maçons e não estarmos maçons, devemos estar nos cargos e não sermos sinônimos destes e acima de tudo, devemos estar disponíveis às necessidades de nossas oficinas, potências e instituições, sem falsas modéstias ou vaidades exacerbadas, apenas disponíveis ao justo labor que tanto nos dignifica a vida.

Como se não bastasse as indagações de foro íntimo, devemos também lembrar que em Hamlet, o monólogo foi travado para avaliar se valeu a pena todo o sacrifício vivenciado e suas consequências. Ser ou Não ser, eis a Questão, estou refletindo sobre mim e meu comportamento ou sobre o comportamento de meu irmão?

> Ser ou não ser, eis a questão: será mais nobre Em nosso espírito sofrer pedras e setas Com que a Fortuna, enfurecida, nos alveja, Ou insurgir-nos contra um mar de provocações E em luta pôr-lhes fim? Morrer, dormir: não mais.
>
> Dizer que rematamos com um sono a angústia E as mil pelejas naturais – herança do homem: Morrer para dormir... é uma consumação Que bem merece e desejamos com fervor.
>
> Dormir... Talvez sonhar: eis onde surge o obstáculo: Pois quando livres do tumulto da existência, No repouso da morte o sonho que tenhamos Devem fazer-nos hesitar: eis a suspeita Que impõe tão longa vida aos nossos infortúnios.
>
> Quem sofreria os ralhos e a irrisão do mundo, O agravo do opressor, a afronta do orgulhoso, Toda a lancinante do mal-ajeitado amor, A insolência oficial, as dilações da lei, Os tolerantes que dos nulos têm de suportar O mérito paciente, quem o sofreria, Quando alcançasse a mais perfeita quitação com a ponta de um punhal?
>
> Quem levaria fardos, gemendo e suando sob a vida fatigante, Se o receio de alguma coisa após a morte, – Essa região desconhecida cujas raias jamais viajante algum atravessou de volta – não nos pusesse a voar para outros, não sabidos?

O pensamento assim nos acovarda, e assim É que se cobre a tez normal da decisão Com o tom pálido e enfermo da melancolia; E desde que nos prendam tais cogitações, empresas de alto escopo e que bem alto planam desviam-se de rumo e cessam até mesmo De se chamar ação.

William Shakespeare – TO BE OR NOT TO BE?

18 AS MOEDAS DE CARONTE

Trata-se do preço a ser pago pela justa passagem, pela jornada entre um estado e o outro. Caronte era o barqueiro dos mortos, aquele que segundo a mitologia grega era o verdadeiro barqueiro de Hades, encarregado de carregar as almas dos recém-mortos para o mundo inferior que se estendia desde o Tártaro (inferno) aos Campos Elísios (paraíso), navegando através das águas do rio Estige e Aqueronte os quais dividiam e limitavam o mundo dos vivos do mundo dos mortos.

Fonte: Imagens públicas da internet

Segundo a tradição grega, para se realizar a travessia era necessário pagar ao barqueiro uma moeda de prata, motivo pelo qual tornou-se costume antigo nos velórios e enterros se colocar dentro da boca e sobre os olhos dos cadáveres moedas para lhes custear a travessia, pois alguém deveria arcar com o custo da viagem, sendo que aqueles que não tinham condições de pagar o trajeto, ou que não tiveram o devido tratamento fúnebre, estavam fadados a vagar pelas margens do rio por cem anos. Motivo pelo qual todo aquele que deseja fazer a travessia e mudar para um novo estágio necessita pagar o preço. Não existe evolução sem custo, se for para viver o inferno ou saborear o paraíso é preciso primeiro arcar com o preço, senão os ventos da mudança passarão e você ficará no esquecimento das margens gélidas do limbo.

Caronte era filho da Noite e da Escuridão (Nix e Érebo respectivamente) que junto de seus irmãos o Sono e a Morte (Hipnos e Tânatos) completava o trajeto do indivíduo em direção ao Tártaro através das trevas da própria alma, visto que o panteão grego era composto por escalas que iam desde fenômenos da natureza a estados do espírito e personificações da mente humana e dos sentimentos.

19 OS PARADOXOS DO TEMPO

Inicialmente é preciso ter claro que um paradoxo é uma declaração ou afirmação situacional aparentemente verdadeira, porém que inevitavelmente acarreta em uma contradição lógica que vai de encontro com a intuição comum. De forma mais simplista, um paradoxo é "o oposto do que alguém pensa ser a verdade". E é partindo desse entendimento que iremos discorrer este capítulo, portanto...

Será que o tempo é curvo ou linear? paralelo ou entrelaçado? cíclico ou único? decifrável ou incompreensível? e o mais importante, será que o tempo é mutável ou inevitável, sendo determinado a ocorrer da forma como foi concebido? Como lidar com essas questões envolvendo essa que é uma das grandes forças primordiais, juntamente com o espaço e a matéria, que é o objeto de divagações daqueles que já ocuparam em determinado tempo o trono de Salomão, pois estes temas indiscutivelmente afetam a tudo e todos que já existiram ou virão a existir nas trincheiras da ordem maçônica e, em especial as veredas da mente de um Mestre Instalado que tem por algoz, a consciência e o peso sobre as decisões passadas.

Para quem curte literatura, cinema e dramaturgia como eu e busca nesses temas inspirações para compor instruções úteis aos aprendizes, companheiros e demais mestres, com certeza deve ficar imaginando um universo de possibilidades que surgiriam a partir de uma viagem no tempo. Nesse sentido e buscando apenas algumas produções cinematográficas como base para a discussão, poderíamos recomendar, com um olhar mais crítico do que apenas o entretenimento, os seguintes títulos, os quais nortearam meus questionamentos sobre a teia temporal: Nimitz - De volta ao inferno (1980); Bill e Ted (Uma aventura fantástica de 1989 e Dois loucos no tempo de 1991); Alta Frequência (2000); O Feitiço do Tempo (1993); Contra o Tempo (2011); Os Doze Macacos (1995); O Exterminador do Futuro (I de 1984, II - Dia do julgamento de 1991, III - Rebelião das máquinas de 2003, IV - A Salvação de 2009, V - Genesis de 2015 e VI - Destino Sombrio de 2019); Te amarei para sempre (2009); De volta para o futuro (I de 1985, II de 1989 e III de 1990); Em algum lugar do passado (1980); Efeito Borboleta (I de 2004, II de 2006 e III de 2009); A Casa do Lago (2006); A Máquina do Tempo (2002) e; Interestelar (2014).

Não é pra menos que o tema Tempo, ou melhor, a viagem no Tempo permeia o imaginário popular, sendo terreno fértil para inúmeras obras literárias ou mesmo cinematográficas. Trata-se de um universo de possibilidades e que atraem todos aqueles que buscam entender os porquês e as consequências de sua jornada.

Dando seguimento a discussão, destaca-se que não está sendo trabalhado nesta peça como poderíamos (ou não) realizar a tão esperada viagem no tempo, mas sim, está se buscando trazer um entendimento para o processo / consequência de se lidar com o passado, enquanto objetivo foco da viagem no tempo, ou seja, o retorno ou a ida ao passado para interferência direta ou indireta.

Você também poderia estar se perguntando "e porque não discutimos a viagem ao futuro? não seria mais fácil e sem tantas consequências catastróficas?" Bem, não discutiremos neste trabalho a viagem ao futuro por uma questão simples, já somos viajantes naturais do tempo durante todo o ciclo da vida, e portanto, já transitamos em suas veredas obrigatoriamente, de segundo em segundo, em direção ao futuro, o qual ainda não podemos prever, adivinhar ou consultar, o que podemos é sim, trabalhar arduamente para que nossos planos e projetos se concluam como esperado, também não podemos simplesmente predizer o futuro com base exclusivamente em nossas experiências e contando com a imaginação e a sorte, pois, para que aquilo que supomos torne-se realidade sem a interferência necessária para seu desfecho é preciso que o fluxo temporal siga seu caminho de forma natural.

Dessa forma vamos analisar algumas possibilidades de consequências e desdobros paralelos ao motivador inicial da viagem, mais precisamente as consequências de nossas interações no processo de viagem espaço-temporal, sim, espaço-temporal, pois ao se deslocar no tempo, também o fazemos no espaço.

Apesar de parecer que estamos estáticos no universo, essa é apenas a nossa perspectiva, pois o próprio universo está em movimento constante, por exemplo, a terra gira ao redor do próprio eixo em um movimento chamado de Rotação a 1.675 km/h e simultaneamente ao redor do sol no movimento conhecido por Translação a 109.040 km/h e ainda, o próprio sistema solar no qual nos encontramos desloca-se a aproximadamente 70.000 km/s na espiral de nossa galáxia em um movimento similar a um Vortex (pelo deslocamento provocado em relação ao um observador externo), sendo que na Via Láctea, estamos ainda aproximadamente a meia distância entre o centro e a borda do disco, na região conhecida como Braço de Órion, portanto, fazemos parte do sistema rotacional de nossa galáxia e, mesmo a Via Láctea desloca-se através do Grupo Local de Galáxias o qual é conhecido como o Aglomerado de Galáxias Esparso, este, por sua vez, faz parte da contínua expansão universal provocada pelo Big-bang, ou seja, como estamos constantemente em movimento, uma viagem temporal é obrigatoriamente realizada também no espaço, sendo essa a maior barreira a ser superada em uma teoria matemática que permite o deslocamento temporal. Portanto, se simplesmente voltarmos um ano no passado, estaríamos vagando no vazio do espaço ou estranhamente misturados a matéria que já ocupava aquele local naquele tempo específico, lembre-se, dois corpos não podem ocupar o mesmo local no espaço, por isso devem ser observadas as três forças primordiais o tempo, o espaço e a matéria, principalmente em suas influências no espaço-tempo.

Assim, aborda-se a questão das consequências primeiramente a partir da **Teoria do Caos** com duas linhas de entendimento sendo a 1ª Linha de entendimento caótica aquela que se você volta no tempo tudo que você fizer pode e vai alterar a linha do tempo de onde você meio e construir um futuro totalmente diferente daquele que você tem conhecimento, com fatos e informações distintas as quais você terá que lidar se ainda existir, sendo essa situação descrita com perfeição nas clássicas sagas cinematográficas "De volta para o futuro" e "Efeito Borboleta". Já a 2ª Linha de entendimento caótica aborda que cada vez que você alterar o passado você cria uma realidade paralela, onde ainda existe a realidade de onde você veio e para onde retornará e uma nova realidade que sofreu as modificações advindas de sua interferência, esse tipo de posicionamento pode ser melhor observado nas sagas do MCU - Marvel Cinematic Universe (Universo Cinematográfico da Marvel) em seu título "Vingadores End Game", ou no anime "Dragon Ball Super" os quais enriquecem a discussão. Lembrando que para Edward Lorenz (1963), um dos grandes estudiosos da Teoria do Caos, "o bater de asas de uma borboleta no Brasil pode desencadear um tornado no Texas", assim, para cada micro alteração realizada no passado as consequências no futuro são incalculáveis e totalmente imprevisíveis, ou seja, a essência do **Efeito Borboleta.**

Deixando esse entendimento um pouco de lado e retornando ao princípio de que somos resultado de grandes ciclos matemáticos, devemos compreender que, também existe a possibilidade de se observar a viagem no tempo a partir da **Teoria do Determinismo**, com suas duas linhas de entendimento sobre as possíveis consequências sendo que a 1ª Linha de entendimento determinista aborda que não importa o que você altere no passado, o continuum espaço-tempo[12] forçará que aquilo seja corrigido naturalmente para preservação do firmamento, ou seja, a continuidade da realidade como a conhecemos será preservada de alguma forma, fazendo com que tudo que deveria acontecer venha a acontecer de qualquer maneira, indiferente a qualquer intervenção. Essa interpretação pode ser melhor entendida na Saga cinematográfica "O Exterminador do Futuro" e no clássico "A Máquina do Tempo" (inspirado na obra literária de H. G. Wells de 1895) E já na 2ª Linha de entendimento determinista tem a possibilidade de você voltar no tempo e alterar o passado, apenas para descobrir no presente que já tinha feito isso e que sem sua ida ao passado o presente não existiria, ou seja, sempre teve sua interferência e ela precisa acontecer, esse tipo de evento pode ser compreendido a partir do excelente thriller de ficção "Interestelar" (o qual foi aclamado pela comunidade científica). Portanto, segundo Pierre-Simon Laplace (1812), grande estudioso da **Teoria analítica das probabilidades**, não existe livre arbítrio em um universo determinista,

---

[12] O Conceito sobre o **continuum espaço-tempo** foi apresentado pelo matemático alemão Minkowski (1908) como elemento fundamental do sistema de coordenadas utilizado como base para o estudo da relatividade restrita e relatividade geral no que concernente à geometria do **espaço** e do **tempo.**

tudo é determinado matematicamente e de forma precisa, assim não existe acaso e o destino não pode ser alterado.

Nessa linha de entendimento determinista, existe um claro dilema moral o qual é assustador, pois se não há liberdade de se alterar o futuro ou destino, é difícil realmente saber se as pessoas são responsáveis pelo que fazem se tudo já foi escrito e está apenas sendo executado, trazendo por terra os conceitos de Bem e Mal, onde apenas existe aquilo que deveria ser, sempre foi e sempre será.

Deixando de lado dilemas morais, os quais podem influenciar por demais qualquer discurso sobre o tempo e retornando as consequências de uma viagem no tempo é preciso entender que qualquer uma das consequências descritas acima pode estar certa em proporções iguais, e a cada possibilidade adicional incluída na equação compartilhará as mesmas chances de ser verdadeira, tal como as possibilidades que já foram identificadas, ao estilo de interpretação do **"Gato de Schrödinger"**, tendo em vista que todas as teorias são possíveis até que uma teoria seja efetivada pela prática e efetivamente comprovada enquanto hipótese, deixando de ser apenas uma teoria.

Não podemos deixar de lado o fato de que se eu altero o passado, a motivação para que a alteração seja feita deixa de existir, portanto, não havendo mais a necessidade de se viajar no tempo e, se não há a necessidade de se viajar no tempo, não há a correção no passado portanto tornando os fatos motivadores inevitáveis, nesse caso a causalidade garantirá que os fatos e acontecimentos motivadores sempre estejam presentes para garantir que os eventos venham a acontecer naturalmente, como se sempre estivessem lá e não importa o que seja feito, sempre teremos resultados similares impondo as realidades futuras com pouca ou nenhuma alteração estrutural. Ou seja, é preciso entender que determinadas coisas não podem ser feitas ou desfeitas e que, caso ocorram, depende-se literalmente de um **Deus Ex Machina** para serem resolvidas, como por exemplo o paradoxo do avô, que consiste da possibilidade de você viajar no tempo para um período anterior ao nascimento de seu pai e acidentalmente matar seu avo, deixando de existir, mas se seu avô foi morto antes de ter seu pai, como pode você ter existido para matar seu avô? simples, ou você não matou seu avô, ou seu avô não era pai legítimo de seu pai, ou você somente existe em uma nova realidade como uma exceção, ou se cria uma reação em cadeia que pode destruir a existência. Não sabemos e isso é incrível, pois as possibilidades são ilimitadas ou limitadas ao nosso conhecimento atual e a nossa imaginação e é isso que inspira a todas as gerações de pesquisadores, cientistas e filósofos que buscam realizar o impossível e entender suas consequências para poder dizer, eu consegui e no processo compreender um pouco mais as criações de Deus, nosso verdadeiro grande arquiteto.

20 O ESPELHO PARA O ABISMO

Aquele que luta com monstros deve acautelar-se para não tornar-se também um monstro. Quando se olha muito tempo para um abismo, o abismo olha para você. Friedrich Nietzsche - Para Além do Bem e do Mal.

Como já profetizava Nietzsche, se você olha para o abismo, o abismo olha de volta para você, essa frase tem em seu universo de significados e interpretações diversas variáveis, mas uma que eu aprecio muito é que quando olhamos para o abismo, colocamo-nos em evidência, portanto, passamos a ser percebidos. Em especial, se o abismo for aquele presente no fundo de nosso íntimo, nossa alma, motivo pelo qual cavamos masmorras e edificamos templos.

O Abismo da nossa alma é o vazio daquilo que nos falta, é o buraco deixado por nossos instintos e desejos mais profundos e que muitas vezes não admitimos que possa existir. Esse buraco em nossa alma deve ser preenchido com virtudes e sentimentos bons, assim eu diria, mas diferente de um espaço vago, esse vazio se alimenta daquilo que enviamos a ele.

Se enviarmos sentimentos bons e forjarmos nosso caráter com ações que reflitam esses sentimentos, o vazio deixa de ser alimentado e com o tempo começa a falecer por inanição, mas, se ao contrário alimentarmos o vazio com o venenoso, sombrio e traiçoeiro mal, aquele nascido da luxúria e do egoísmo, pautado no fanatismo e no ímpeto predador que destrói todos aqueles que não compactuam de seu ego ou simplesmente estão em seu caminho, o vazio como um animal bem alimentado crescerá e se fortificará até o momento em que consumirá o último vestígio do divino que chamamos de alma.

Mas como perceber que estamos alimentando o vazio do abismo? Como posso sentir que o limite foi cruzado? Simples, observe seu próximo, olhe para ele e pense, o que não gosto em meu irmão é exatamente a falha daquilo que é refletido por mim, o espelho do vazio.

Observe que não me refiro a aquele que faz por merecer através de seus atos o desprezo de todos a sua volta, a esse devolvemos aquilo que recebemos assim como receberemos de volta aquilo que fizermos (pense nisso, nossos atos são uma via de mão dupla), mas quando sem motivos aparentes simplesmente não gostamos ou atacamos alguém, normalmente não é apenas o instinto ou o sexto sentido falando e alertando. Normalmente é o nosso reflexo que não gostamos de ver em nosso próximo e na maçonaria isso é muito comum.

Não foram poucas as vezes que presenciei o sarcasmo e o comentário ácido daqueles a quem julgo de profanos de avental, criticando alguém, em especial outros irmãos, por suas posturas, seus posicionamentos ou simplesmente seus títulos e cargos. Quantas vezes, ao ver algum irmão discorrer com propriedade observei comentários do tipo "está se passando" ou "ele acha que engana alguém" ou simplesmente "ele está se alongando, estou com fome e o horário está passando". Apenas para serem tidos como o centro da atenção, os questionadores, os intrépidos revolucionários que herdaram a verdadeira maçonaria. Verdadeiros hipócritas que não respeitam o mérito do próximo simplesmente por não ser o próprio. Eles observaram no outro o abismo de sua própria alma através do espelho do vazio e o alimentam com tudo que possuem em seu coração até que não sobre mais nada.

Mas tenham cuidado, na maçonaria existem aqueles que possuem o abismo do vazio dentro de si, entretanto, pior que possuir o abismo é alimentar e incentivar o abismo do próximo, pavimentando um caminho de espinhos em direção a autodestruição, bem como aqueles que por inexperiência ou por afinidade acompanham este profano de avental em sua jornada ao abismo, dando-lhe a notória plateia de que deseja em troca das migalhas de sua mesa, se pelos conspiradores hipócritas ainda possuímos um pouco de simpatia, onde muitas vezes tentamos, mesmo que sem sucesso o aconselhamento, a plateia que o empurra para o abismo através do incentivo e motivação vil eu digo, esses nem merecem o nosso desprezo, pois diferente daquele que observou o abismo e foi seduzido por ele quando este olhou de volta, a plateia (por assim dizer) apenas observa e empurra para a autodestruição aqueles a quem deveria chamar de irmão.

Novamente surge a necessidade dos Mestres Instalados, experimentados e experientes mediadores, interferirem em suporte ao Venerável Mestre, que muitas vezes ofuscado pelos compromissos do ofício não percebe, nem aquele que caminha para o abismo e nem aquele que o empurra ao abismo.

Sim, interferir, primeiro na orientação daqueles que foram seduzidos pelo abismo para que deixem de lado a vaidade e retornem ao ofício de desbaste da sua pedra bruta interior e em segundo o de flagelo daqueles que empurram seus irmãos em direção do abismo, a estes é preciso chamar a realidade ou convidar a deixar as colunas da oficina, pois nada constroem com seu esforço além de covas e criptas para seus irmãos.

Afinal, aquilo que percebemos de nobre em nossos irmãos devemos copiar e incorporar ao nosso íntimo e aquilo que percebemos de falhas, as quais não nos agrada, devemos corrigi-las em nós mesmos, pois são reflexo de nosso vazio. Esta correção permitirá converter o abismo do vazio em um adequado templo interior, o qual recebe de portas abertas as virtudes e é refúgio para os angustiados e necessitados, mas também é fortaleza impenetrável aos perdidos e combate terminantemente aqueles que por variantes do prazer corrompem e destroem seus semelhante. A esses tornemo-nos o flagelo que espalha a cólera da justiça tanto na maçonaria quanto no mundo profano pelas nossas ações.

E nunca esqueçamos, se olhamos para o abismo ele olha para nós. Assim, rogo ao G. A. D. U. para que permita que não sejamos seduzidos pelo abismo e que não venhamos a nos tornar aquilo que combatemos.

21 O SILÊNCIO DE HARPÓCRATES

Harpócrates é o Deus do silêncio na mitologia egípcia, sendo na verdade a transfiguração do Deus Hórus em sua infância que após o domínio de Alexandre o Grande fora rebatizado para melhor se inserir em seu modelo de sociedade, transformando o Deus egípcio numa divindade helenística.

Trata-se do alvorecer da sabedoria, o raiar do sol que traz a luz, o calor e a vida ao mundo em um processo discreto e necessário, pois as trevas eternas são acompanhadas da morte e da desolação.

O silêncio de Harpócrates é aquele que devemos desprender para com a maçonaria em diversos níveis como o silêncio sobre os rituais, o silêncio sobre os segredos dos graus, o silêncio sobre os assuntos tratados no dístico "Entre Colunas", entre outros que provam-se necessários a fortaleza interior de cada maçom.

Porém, chamo a atenção para um tipo de silêncio em especial, aquele silêncio necessário a reflexão que todos devemos fazer.

Afinal, silêncio não é só a ausência de ruído ou barulho, pelo contrário, é o ato propiciador do exercício do pensamento e da reflexão, sendo de forma justa e perfeita considerado uma das virtudes maçônicas, visto que é o desenvolvedor da discrição, da prudência, da disciplina e da tolerância nas relações tanto internas ao maçom, quanto para com todos ao seu redor.

Que em silêncio possamos elevar nossa postura e nossos sentimentos para ensinar, levando silenciosamente a luz da sabedoria que dissipa os três maus companheiros que representam diretamente a ignorância, o fanatismo e a superstição.

22 O HOMEM VITRUVIANO

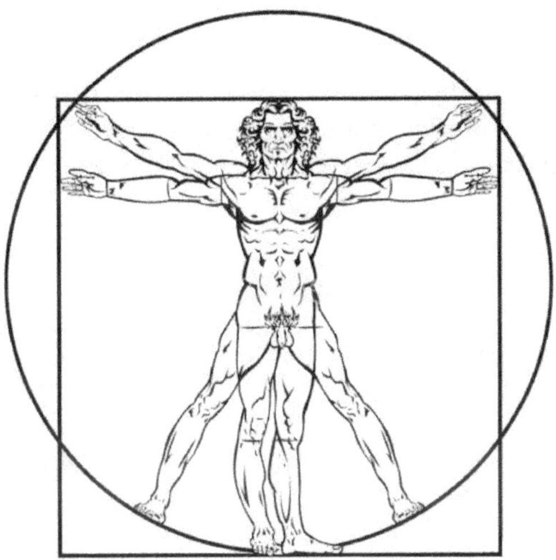

Fonte: Imagens públicas da internet

Tido por ser a representação em proporção e escala matemática do homem perfeito, o Homem Vitruviano de Leonardo da Vinci[13], concebido por volta de 1490 em seus diários, pode ser entendido maçonicamente como a representação comprovadora do Grande Arquiteto do Universo, em especial pela variável de aplicações da escala geométrica e da famosa proporção áurea. Esses conceitos demonstram que o acaso e o aleatório não é arquiteto. No universo, a beleza e a perfeição seguem rigorosos padrões matemáticos universais constituídos de escalas e não de números precisos, pois a variação de aplicações e resultados é justamente o que lhe confere a beleza e a perfeição caracterizados como a vida.

---

[13] O desenho atualmente faz parte da coleção da Gallerie dell'Accademia (Galeria da Academia) em Veneza, Itália.

A figura descreve uma figura masculina (humana) nua, disposta em uma sobreposição de um quadrado com um círculo, sendo chamado de Cânone das Proporções.

Trata-se de um conceito apresentado na obra literária "Os dez livros da Arquitetura" do arquiteto romano Marco Vitrúvio Polião, origem de seu nome. Nessa obra, em seu terceiro livro Vitrúvio nos apresenta as proporções do corpo humano masculino em sua totalidade e perfeição matemática como se segue:

- 01 (um) palmo é o comprimento de 04 (quatro) dedos;

- 01 (um) pé é o comprimento de 04 (quatro) palmos;

- 01 (um) côvado é o comprimento de 06 (seis) palmos;

- 01 (um) passo são 04 (quatro) côvados;

A partir disso começam as relações entre as proporções corporais, através das equivalências em medidas simples, como por exemplo as da famosa citação vitruviana *"erit eaque mensura ad manas pansas"*, a seguir, apresentam-se outras relações da geometria humana a saber:

- A altura de um homem é quatro côvados;

- O comprimento dos braços abertos de um homem (sua envergadura) é igual à sua altura;

- A distância entre a linha de cabelo na testa e o fundo do queixo é um décimo da altura de um homem;

- A distância entre o topo da cabeça e o fundo do queixo é um oitavo da altura de um homem;

- A distância entre o fundo do pescoço e a linha de cabelo na testa é um sexto da altura de um homem;

- O comprimento máximo nos ombros é um quarto da altura de um homem;

- A distância entre o meio do peito e o topo da cabeça é um quarto da altura de um homem;

- A distância entre o cotovelo e a ponta da mão é um quarto da altura de um homem;

- A distância entre o cotovelo e a axila é um oitavo da altura de um homem;

- O comprimento da mão é um décimo da altura de um homem;

• A distância entre o fundo do queixo e o nariz é um terço do comprimento do rosto;

• A distância entre a linha de cabelo na testa e as sobrancelhas é um terço do comprimento do rosto;

• O comprimento da orelha é um terço do da face;

• O comprimento do pé é um sexto da altura.

Leonardo da Vinci traduz os dados de Vitrúvio encaixando perfeitamente as proporções do corpo humano nos padrões matemáticos esperados. Sendo esse trabalho uma das grandes realizações que conduzem ao Renascimento italiano no século XV por ser um símbolo da simetria básica do corpo humano e, por extensão, do universo como um todo visto que é um algoritmo matemático simbólico para calcular o valor do número irracional *phi* (aproximadamente 1,618).

Essas escalas estão presentes em toda arquitetura maçônica que, por estar alicerçada nos fundamentos mitológicos bíblicos, permite que entendamos as proporções que tornaram possível a grande obra do Templo de Salomão, que por analogia direta, representa nosso ser, nosso templo interior, o templo da sabedoria, da força e da beleza, visto que as escalas utilizadas na construção partem de Vitrúvio ao estudar o corpo humano como ferramenta arquitetônica, como o uso da medida côvado para descrever as colunas J e B, as quais eram descritas como tendo dezoito côvados de altura, e eram encimadas por capitéis de cinco côvados cada, sendo que 01 (um) côvado equivale a 06 (seis) palmos ou 24 (vinte e quatro) dedos.

23 A EGRÉGORA DE RORSCHACH

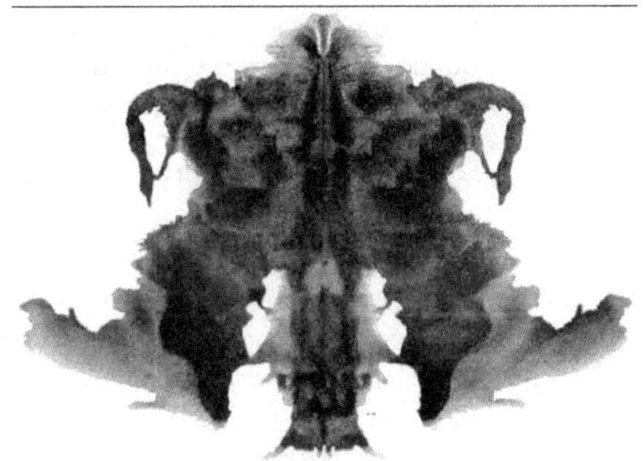

Fonte: Imagens públicas da internet

Impossível não se tecer um paralelo na maçonaria entre o conceito aplicado da Egrégora com o que eu considero como sendo seu equivalente psiquiátrico pictórico, a famosa figura do Borrão de Tinta (utilizado no famoso teste de Rorschach). Para tanto, devo elucidar que no Rito Moderno (Francês) este conceito apesar de não ser dado crédito é ainda utilizado em larga escala por maçons em todas as oficinas para descrever quando uma sessão maçônica reverbera de forma a tocar o íntimo de todos os presentes.

Essa reverberação é descrita cada qual a sua maneira, variando desde um formigamento (oriundo da posição desconfortável em que se encontra o maçom por no mínimo duas horas) até descrições físicas dignas da ingestão dos mais diversos alucinógenos que, como se trata de uma experiência íntima e pessoal, não são possíveis de serem testadas cientificamente a não ser por aqueles pesquisadores que buscam comprovar veementemente suas teorias (uma falha comum no meio científico, onde se direciona a pesquisa para comprovação dos conceitos defendidos pelo pesquisador e não em uma busca imparcial pela verdade, mesmo que transitória).

Entretanto, não estamos aqui para travar uma verdadeira guerra de fé, ou mesmo uma campanha espiritual para confrontar se um ou outro está certo ou errado. Estamos aqui para refletir em um cenário que traga, por menor que seja, inspirações ao Mestre Instalado para compor suas instruções e reflexões em loja. Assim, deixemos primeiro esclarecer o que é o Teste de Rorschach e em seguida apresentarei o conceito de egrégora aos não familiarizados para que então possamos traçar os devidos paralelos.

O teste de Rorschach é uma técnica desenvolvida pelo psiquiatra e Psicanalista suíço Hermann Rorschach para avaliação psicológica pictórica, comumente denominada de método de auto expressão. O teste consiste de se apresentar uma sequência de pelo menos 10 imagens provenientes de manchas simétricas em papel (ou borrões simétricos) os quais serão interpretados pelo observador gerando respostas as quais serão agrupadas e analisadas para construção de um pseudo-diagnóstico psicológico. Pseudo pelo fato de que apenas este teste não é capaz de medir com precisão uma enfermidade, mesmo que de ordem psíquica, sendo ainda necessários mais estudos e exames, mas é um excelente indicativo de personalidade o qual já direciona os esforços clínicos para uma provável solução em caso de necessidade, ou ainda, permitem o auto descobrimento necessário ao auto aperfeiçoamento a que tanto almejamos enquanto maçons.

De outro lado e ainda assim de forma resumida, a **Egrégora** é, como tem-se denominado, a força espiritual que surge a partir do somatório das energias coletivas, sejam elas emocionais ou mesmo projeções mentais, ou ainda harmônicas motivadas por melodias entoadas para esta finalidade como fruto da congregação de duas ou mais pessoas, ou seja, um resultado coletivo mas, ainda assim, percebido individualmente. Camino (2010, pag. 147) define a Egrégora da seguinte forma:

> A Egrégora é uma "entidade" momentânea; subsiste enquanto o grupo está reunido. Para que surja a egrégora é necessária a preparação ambiental, formada pelo "som", pelo "perfume do incenso" e pelas vibrações dos presentes devendo essas vibrações ser "puras"...

O termo também pode vir a ser descrito como um campo de energias metafísicas ou extrafísicas criadas no dito plano astral a partir das energias emitidas por um grupo de pessoas através dos seus padrões vibracionais e que não apenas se refletem como também reverberam entre si.

Ao se discutir a personalidade de cada um dos irmãos e sua perspectiva ou objetivo junto a Maçonaria, pode-se aplicar de forma auto exploratória a lógica de Rorschach a forma com que individualmente se enxerga, pressente ou imagina a Egrégora em loja. Para tanto, o princípio lógico do teste se baseia em hipótese projetiva, onde a pessoa analisada procura organizar uma informação ambígua e sem significado claro em aspectos de sua própria personalidade. A partir disso é possível se reconstruir invertidamente (de trás para frente) a personalidade do analisado ou auto analisado a fim de se entender o que leva a determinada resposta. Porém é preciso estar aberto a autocrítica e ser verdadeiro nas respostas, pois a falsidade ou dissimulação apenas enganarão a si próprio e a mais ninguém.

No modelo de análise de Rorschach, ao se observar cada uma das manchas de tinta, a resposta dada é então classificada sob quatro pontos de vista: O primeiro é o **modo de percepção** - ou seja, se o borrão é visto fracionado ou como um todo; O segundo é a **determinante** - ou seja, que aspecto do borrão foi importante para a resposta? sua forma, as cores, o movimento, a pluralidade; O terceiro é o **conteúdo** - a figura descrita é de um ser humano, de um animal, uma parte do corpo humano, uma planta, uma paisagem, um objeto arquitetônico, histórico, etc. e; O quarto é a **originalidade** ou **vulgaridade** da resposta - ou seja, se a resposta é socialmente aceita no grupo do observador, ou cotidianamente parte daquele grupo ou então rara ou descontextualizada.

Cada uma das respostas pode encaminhar para um olhar único e diferente, visto que o teste é aplicado para uma série de imagens, cada resposta muda a personalidade. De mesma maneira é possível se analisar a forma com que se percebe (ou não) a Egrégora, intimamente refletindo como está nosso estado de espírito ao final de uma sessão maçônica em comparação ao início dos trabalhos. Para tanto, recomenda-se que o interessado se aprofunde adequadamente nos conceitos de Rorschach antes de tentar a autoanálise, pois, como o título sugere, este é um ensaio filosófico e não um tratado psicanalítico sobre Rorschach ou sobre a Egrégora a qual, por sua síntese, gera em muitos maçons a falsa ou equivocada interpretação de que a Ordem Maçônica é religiosa (beirando um culto) e não espiritualizada (como deveria ser).

24 CRÍTICAS, DESABAFOS E REFLEXÕES

Como o nome sugere, este capítulo trata justamente de críticas e reflexões surgidas durante o desbaste contínuo de minha pedra bruta profissional e política.

Como é notório, a vida pública tem um preço amargo a ser pago por aqueles que buscam trilhar sua sina, da mesma forma que assumir a direção dos trabalhos de uma oficina é um desafio , trilhar o funcionalismo público e buscar orientar de forma correta, justa e salutar os desígnios de uma parcela significativa da sociedade em um contexto nacional de jeitos, trejeitos e conchavos é deveras desafiador.

Houve um tempo em que tive a oportunidade de desempenhar uma função pública na maior cidade de Santa Catarina[14] e, porque não, aquela com os maiores problemas. Como se não bastasse às dificuldades técnicas, inerentes ao ofício, tinha que lidar com pessoas de toda sorte, dentre elas muitos irmãos de ordem que, na esperança de conseguir determinadas facilidades aproximavam-se de uma forma nunca antes vista, mas assim que não conseguiam aquilo que desejavam, tratavam de denegrir minha identidade profana e maçônica. Da mesma forma, houveram aqueles que, reconhecendo o trabalho realizado nos princípios justos e perfeitos de nossa instituição, também me procuraram, mas ao invés de solicitar favoritismos, solicitavam o emprego da justiça, que nunca haviam recebido anteriormente pela natural contaminação do funcionalismo público por agentes que almejavam poder acima de tudo (Sim natural contaminação, pois a proporção daqueles que estavam contaminados pelo sistema era assustadoramente elevado, tornando o honesto um ser raro nos bastidores dos órgãos públicos).

Não foram poucas as vezes que tive vontade de desistir e recolher-me a minha própria e simplória vida em família, reservado aos meus parcos círculos sociais. Mas o desafio sempre clamou mais forte a alma e, assim como foram vários dilemas enfrentados enquanto mestre instalado em uma oficina do Rito Moderno, os mesmos caminhos acabaram sendo trilhados em minha trajetória profana.

---

[14]Cidade de Joinville, Estado de Santa Catarina - Brasil.

Para tanto, buscando saciar minha alma com relação a externação de meus sentimentos e pensamentos, pus-me a escrever e transcrever na forma de pequenas crônicas as quais espero que venham a trazer bons elementos para futuras instruções a aprendizes, companheiros e mestres, pois o papel maior de um mestre instalado é o de aconselhar e ser pedra angular para fortalecer as estruturas de uma oficina.

25 NO QUE CONSISTEM OS LAMENTOS DE UM GUERREIRO

Meu Deus, será que existe espaço ainda em nossa sociedade para a justiça e a honra? Será que não caímos na armadilha proferida por Rui Barbosa[15] ao afirmar que:

> De tanto ver triunfar as nulidades, de tanto ver prosperar a desonra, de tanto ver crescer a injustiça, de tanto ver agigantarem-se os poderes nas mãos dos maus, o homem chega a desanimar da virtude, a rir-se da honra, e a ter vergonha de ser honesto.

É possível que a honestidade, a verdade, a legalidade e a honra, sejam ainda os elementos que compõem a força motriz que guia a ação dos justos?

É uma pena que ainda existam aqueles que, devido as necessidades, sejam elas sociais ou fisiologicamente humanas, não compreendam que o cumprimento das leis é um dever do bem, mesmo que possa parecer injusta esta posição frente ao clamor de uma comunidade.

Este clamor é aquele em busca do tentador assistencialismo, no qual está banhada nossa desgastada república, quando muito raramente é motivada por verdadeira necessidade. Nos demais casos, na verdade em grande maioria dos casos, trata-se de um clamor pelas facilidades e pelo famoso jeitinho brasileiro, que comprovadamente é, fundamentando-se o conceito, uma branda corrupção.

Para aprofundar melhor este dilema, devo iniciar essa tecedura de meus anseios e pensamentos através de um versículo bíblico, o qual retrata com fidelidade os sentimentos que assolam meu íntimo através de uma singela conversa entre o profeta Jeremias e Deus[16].

---

[15] **Poema:** SINTO VERGONHA DE MIM - Autor: RUI BARBOSA - discurso feito no Senado Federal em 14 de dezembro de 1914.
[16] **Versículo Bíblico** - Jeremias 12:1,2

> [1] Sois sumamente justo, Senhor, para que eu entre em disputa convosco. Entretanto, em espírito de justiça, desejaria falar-vos. Por que alcançam bom êxito os maus em tudo quanto empreendem? E por que razão vivem felizes os pérfidos? [2] Vós os plantastes, e eles criam raízes, crescem e frutificam. Permaneceis em seus lábios; longe, porém, dos corações. (Jeremias 12 1:2)

Devo destacar que, não fora apenas uma ou duas vezes que percebi, através de minha caminhada na senda pública, a nítida manipulação dos olhares dos justos pelos maus, e sua interferência em prol do alimento da vaidade, da luxúria, da soberba e da avareza.

Não foram poucas as vezes em que presenciaram-se negociatas por conta de favores e benesses. Onde homens que deveriam dar e ser exemplo ao povo. Homens que tem por vocação e inspiração o dever de guiar multidões. Deixaram-se influenciar ao ponto de venderem-se por muito menos que outrora as fatídicas trinta moedas de prata.

Afinal, onde está a justiça de que tanto clama o povo?

Não digo aquela justiça que se traduz na simples vingança, a qual alimenta e sacia desejos, ímpetos e iras de nosso interior.

Refiro-me sim, a justiça que outrora existia e era traduzida nos códigos de Hamurabi[17]. Portanto pergunto, onde está a igualdade e equidade nas lutas que travamos em nossa sociedade, dita contemporânea?

Talvez este seja o melhor exemplo daquilo que almejamos em um desafio. Hamurabi (o código) punia o criminoso com o peso das consequências de seu crime, visto que, se este era o dolo causado, portanto este deveria ser o preço a ser pago.

Porém, utilizar Hamurabi em um combate é clamar por recursos equivalentes a ambos os lados, onde o equilíbrio trará honra aos derrotados e mérito aos vencedores. Trata-se da busca por equidade e sim, igualdade de direitos, deveres e consequências nos atos e omissões ao nosso redor.

Mas... Como podemos lutar o bom combate se já o iniciamos em nítida desvantagem?

Vou explicar melhor. Para que o mal prevaleça, basta que o bem não faça nada e, mesmo que o faça, existe ainda uma diferença significativa entre se duelar com justiça e honra, onde as oportunidades e bases são igualitariamente respeitadas e, se duelar com

---

[17] Conjunto de leis criadas na Mesopotâmia, por volta do século XVIII a.C, pelo rei **Hamurabi** da primeira dinastia babilônica e baseado na antiga Lei de talião, "olho por olho, dente por dente".

aquele que, sem respeitar nenhum princípio ou código usa, de quaisquer meios disponíveis para atingir a vitória.

Para estes desprovidos de qualquer princípio ou código que clame a honra em um duelo, determinamos que são simplesmente maus, pois para estes, um adversário não é um oponente que deva ser respeitado como igual, a quem se busca derrotar seguindo-se regras éticas claras, mas sim é visto como um inimigo que deve ser destruído a qualquer custo.

Não é fácil permanecer justo quando seu adversário não comunga de seus princípios. Não é fácil permanecer honrado quando a honra é apenas sua e não mais guia a virtude da sociedade.

Mas é preciso perseverar.

Tenho fé que não demorará a chegar o tempo em que nossos sentimentos, palavras, atos, ações e omissões retornarão para nós como o preço a ser pago pela nossa jornada. Afinal, estas são as moedas necessárias para que Caronte[18] nos leve no translado de nossa vida através dos rios Estige e Aqueronte.

Ouso dizer que chegará o tempo em que será cobrado o preço sobre aqueles que prejudicamos e enfim saberemos se nos tornamos dignos de sermos guiados pelas Valquírias[19] aos salões do Valhalla, pois se cairmos no campo de batalha, cairemos com a honra intacta. Afinal, fomos justos em nossos combates, sempre tratando nossos adversários com o respeito que merecem os derrotados e com o tributo devido aos vitoriosos. Neste sentido, devemos rememorar os fundamentos de um verdadeiro guerreiro citando uma significante oração funerária nórdica[20], que segundo os manuscritos de Ahmad ibn Fadlan era entoada antes de uma batalha na qual os guerreiros tinham consciência da possibilidade de não retornar e em seus funerais:

> Olha, lá vejo meu pai. Olha, lá vejo minha mãe, meus irmãos e irmãs. Olha, lá vejo meus ancestrais desde o início. Olha, lá eles clamam por mim, pedem que assuma meu lugar entre eles nos salões do Valhalla, onde os bravos vivem para sempre!

---

[18] Na mitologia grega é o barqueiro do Hades, que carrega as almas dos recém-mortos sobre as águas do rio Estige e Aqueronte, que dividiam o mundo dos vivos do mundo dos mortos e para se realizar o trajeto era cobrada uma moeda.

[19] Na mitologia nórdica são deidades femininas que serviam Odin e Freia, com o propósito de eleger, ou melhor, identificar os mais heroicos guerreiros mortos em batalha e conduzi-los ao salão dos mortos, o Valhalla.

[20] Oração de Valhalla (Oração Funerária Nórdica) - Tem sua origem nos manuscritos de Ahmad ibn Fadlan (por volta de 921 D. C.), sendo difundida no Filme O 13º Guerreiro (The 13th Warrior) do diretor John Mctiernan.

Infelizmente, conforme já demonstrou a sabedoria romana. Aos vencedores cabe escrever e reescrever a história. De forma simples e direta, aos derrotados é vedado o destino de serem parte na história dos vitoriosos.

A partir disso deixamos aqui nosso enaltecimento aos derrotados com honra. Desejando glórias e recompensas aos que não se corromperam nas armadilhas sedutoras da vida, deixando sua marca na história na forma de uma reputação imaculada.

Para tanto, lembremo-nos de duas grandes verdades:

- A **primeira verdade** nos lembra que a honra é algo pelo qual vale a pena lutar e morrer e;

- A **segunda verdade** nos traz a realidade de que o mundo não deixará de existir e percorrer seu rumo pelo simples fato de que você não é mais parte da história.

Afinal, vencer ou perder não significa nada perto do caminho percorrido na batalha. Isso nos define como guerreiros e nos guia a glória.

26 LEALDADE, FIDELIDADE E HONRA FRENTE A OBJETIVOS PESSOAIS

Lealdade - apesar desse termo significar diretamente o respeito aos princípios e regras que norteiam a honra e a probidade, bem como a fidelidade aos compromissos ora assumidos, não é incomum encontrar o termo na prática sendo utilizado para descrever a postura adotada por pessoas que tem interesse em caminhos futuros ou em promessas a serem cumpridas, onde sua dimensão é medida pelo caráter de cada indivíduo em proporcionalidade inversa a ganância do mesmo. Ou seja, a lealdade está se tornando algo que apenas existe enquanto existirem interesses mais interessantes do que aqueles previstos em outras possibilidades.

Mas será que é isso mesmo que este auspicioso termo está fadado a representar em nossa desgastada sociedade contemporânea permeada de acordos e interesses políticos? Até que ponto pode chegar o interesse de alguns quando o custo está em manter inviolável sua honra?

Lealdade em síntese é o respeito aos princípios e regras que norteiam a honra e a probidade, trata-se da fidelidade aos compromissos assumidos. A Fidelidade mencionada no conceito de lealdade merece também ter seu fundamento explorado como sendo o atributo ou a qualidade de quem ou do que é fiel, sendo sinônimo e dando significação a quem ou o que conserva, mantém ou preserva em suas características originais, ou quem ou o que mantém-se fiel à referência. Já a Honra, por sua vez é o princípio que leva alguém a ter uma conduta proba, virtuosa, corajosa, e que lhe permite gozar de bom conceito junto à sociedade, respaldando em suas relações a devida consideração às pessoas que se distinguem por seus dotes intelectuais, artísticos, morais.

Parece-me que a falácia de que os fins justificam os meios adotados para o alcançar tem cada vez mais imperado nos contextos sociais e políticos. Pretensões futuras que visam a garantia de interesses meramente pessoais e não mais comunitários, sociais ou justos e perfeitos tem aflorado naqueles que buscam colocações políticas.

Não é incomum identificar aqueles que cobram dos demais, por estarem em posições de liderança intelectual, social, política e profissional que tenham o devido compromisso para consigo, quando não edificam nenhuma obra para justificar tal compromisso.

Tive experiências dolorosas ao vivenciar situações constrangedoras em que as lideranças que deveriam dar e ser exemplo, por interesses puramente pessoais conspiraram para minha derrubada, visando adquirir para si os méritos advindos do meu trabalho, literalmente aclamando-me pela frente enquanto estripavam-me pelas costas.

Onde obtive a lealdade, a fidelidade e a verdadeira demonstração do princípio da honra? Foi naqueles que não teriam esta obrigação e que, seria muito simples atender a estes pleitos objetivando vantagens futuras, porém mantiveram sua postura inalterada, honrando compromissos assumidos independente de possíveis vantagens com o argumento da confiança, da capacidade técnica, da honestidade e da transparência. Para com este tipo de pessoa, com verdadeira índole, deve-se manter a devida reciprocidade, o respeito e o comprometimento de acordos pautados na ética. Para tanto, reitero que a Reciprocidade não tem prazo de validade, ela é pautada pela preservação da lealdade ao longo do tempo ao custo da honra.

Mas como lidar com a traição daqueles que, não apenas tem seu convívio, como também tem sua consideração, sendo tidos em muitos casos como irmãos?

Lembro que apesar do termo traição ser deveras forte, ele se aplica bem a falta do cumprimento da lealdade, da fidelidade e da honra, pois traição é a postura que leva a decepção e ao repúdio da prévia suposição, é o rompimento e a violação da presunção do contrato social e moral que inevitavelmente irá produzir conflitos éticos, morais e psicológicos e destruir os relacionamentos humanos.

Sim, traição, esse é o sentimento que fica quando presenciamos as conspirações daqueles que temos como irmãos. Conspirações essas construídas puramente em falsas esperanças de ganho pessoal, em vantagens espúrias e em pretensões políticas.

É deveras frustrante perceber que nosso círculo social, profissional ou familiar mais próximo, há quem reme no sentido contrário. Quando percebemos as situações que vem ocorrendo, essa percepção vai ficando mais clara e evidente ao longo do tempo, mas é preciso ter paciência e resiliência, ainda não chegou a hora de tomar as atitudes pertinentes a respeito. É preciso ter o cuidado para não se expor sem necessidade. É preciso observar mais e intervir o menos possível diante de quaisquer circunstâncias, especialmente, essas que surgem tentando-nos a tomar medidas de forma imediata. É sábio deixar para depois, pois o que não tem solução, solucionado está, não é verdade?

O problema que fica, é aquele advindo da moral, dos princípios, da honra, da reciprocidade, da lealdade e da fidelidade nossa, que ao invés da justa e perfeita retaliação e do correto enfrentamento destes falsos companheiros, primamos pela harmonia e pela sólida construção dos ideais que unem aos justos. Esses fundamentos íntimos e pessoais que levarão inevitavelmente a uma pavimentação correta do caminho para nossos objetivos comuns que deve prevalecer.

Parafraseando uma conhecida anedota moral, contamos o milagre, mas não revelamos o santo responsável, restando apenas o desabafo daquele que é traído por aqueles em quem depositamos nossa confiança, bem como enaltecemos o mérito daqueles que nos surpreendem honrando compromissos assumidos ao custo de relações políticas.

Portanto, resta a indagação, como estamos nos portando em situações análogas? Estamos primando pela nossa honra, ou pelos nossos objetivos? O que você faria em ambos os casos? Pense a respeito.

27 O VOLUNTARIADO NA PERSPECTIVA DA VAIDADE

O Voluntariado pode e deve ser uma atividade que traga resultados? Neste sentido, quais seriam os resultados esperados na vida voluntária? Eis aí o grande dilema das instituições de serviços de voluntariado, não apenas no Brasil, mas em todo o mundo.

Antes de buscar responder a esta indagação, e como embasamento inicial, trago aqui a definição das Nações Unidas sobre o que é o voluntariado, a partir do conceito do que vem a ser um voluntário:

> "voluntário é o jovem ou o adulto que, devido a seu interesse pessoal e ao seu espírito cívico, dedica parte do seu tempo, **sem remuneração alguma**, a diversas formas de atividades, organizadas ou não, de bem estar social, ou outros campos..."

Salienta-se, entretanto, que a remuneração aqui explicitada pelas nações unidas, engloba todas as formas variantes de remuneração, desde a financeira, propriamente dita, até as de cunho subjetivo, como por exemplo, o retorno na construção ou fortalecimento da imagem pública do voluntário.

Poderíamos estar tratando neste trabalho de qualquer instituição filantrópica ou de serviço humanitário e voluntário, pois todas passam pelos mesmos problemas e seus membros têm as mesmas perspectivas com o passar do tempo e acúmulo de experiência mas, para melhor elucidar a importância do voluntariado e seus impactos, tanto positivos, quanto negativos (quando utilizado de forma inadequada), tomo a liberdade de construir a análise tendo por base a filosofia empregada pelo Rotary Internacional em suas ações. Uma instituição que tem um histórico invejável de atuações em prol da harmonia entre os povos e suporte aos menos favorecidos pela sorte e que tenho o privilégio de fazer parte.

O Rotary Internacional descreve a resposta para este dilema (sobre o resultado do serviço voluntário) através de seu lema pátrio "Dar de si antes de pensar em si" mas, será que é assim tão simples?

Fica a dúvida nata sobre o tema, quando paramos para pensar no que implica se doar ao próximo? Será que eu tenho que me abster da felicidade e da realização pessoal para servir o próximo? Quanto mais eu penso, mais perguntas surgem em minha mente, cada uma mais vaidosa que a anterior... vaidosa??? ... sim, isso mesmo, vaidosa.

A vaidade é o que destrói o serviço voluntário, é o câncer que corrói toda obra e retira o mérito de toda ação em prol dos que necessitam. Em seu conceito mais puro, segundo o dicionário, vaidade é:

> A qualidade do que é vão, vazio, **firmado sobre aparência ilusória**. A valorização que se atribui à própria aparência, ou quaisquer outras qualidades físicas ou intelectuais, fundamentada no desejo de que tais qualidades sejam reconhecidas ou admiradas pelos outros.

É por este caminho que passamos a entender que o Lema do Rotary Internacional (Dar de si, antes de pensar em si) é mais complexo do que imaginamos e mais difícil de ser praticado do que poderíamos um dia conceber. Afinal, quem não é alimentado e também impulsionado pela sua vaidade? seja através do mérito de suas conquistas ou mesmo do resultado de seu trabalho. A vaidade é, sem sombra de dúvidas, um propulsor da ação do homem.

Abordar a vaidade conjuntamente com o lema rotário pode até ser considerado um sacrilégio, afinal, estamos falando de uma instituição centenária com mais de um milhão e duzentos mil associados no mundo. Mas veja, são um milhão e duzentos mil associados e não voluntários. Se formos buscar a relação de voluntários verdadeiros, que se doam sem buscar nada em troca, certamente esse número seria reduzido.

Mas como mensurar isso? Aí está, não tem como. Esta é uma informação impossível de ser mensurada, haja vista que depende diretamente do íntimo de cada membro. Não é uma questão de se considerar um voluntário, mas de se portar e agir como um.

Várias e várias vezes pude observar membros da instituição (na verdade de diversas instituições) se portando corretamente, visando apenas o bem coletivo, principalmente no que tange a agir no anonimato para com ações sociais, de assistencialismo coletivo e no levantamento de recursos para viabilização de projetos comunitários. Porém, não é raro constatar que este tipo de ação seja utilizado com viés na promoção individual, profissional e principalmente política.

Destaca-se novamente que, em momento algum questiona-se a idoneidade da instituição, seu objetivo ou mesmo o caráter daqueles que, verdadeiramente se doam em prol dos mais necessitados, seja através do emprego dos potenciais técnicos, por se tratar de um clube de serviços onde os membros têm, por questões éticas, a necessidade de constar no quadro de cada clube, apenas um profissional de cada área de atuação. Essa postura se faz necessária para garantir a harmonia entre os membro do clube, reduzindo as chances de se nublar os objetivos da instituição em detrimento da concorrência profissional ou mesmo de rixas advindas de um mercado cada vez mais competitivo.

Parafraseando um ditado popular, o que uma mão faz a outra não precisa saber. Mesmo sendo essa uma frase de para-choque (no popular), tem sua grande verdade quando o assunto é serviço voluntário.

Mas, então, qual seria o foco do serviço voluntário? qual a recompensa pelo tempo e dedicação que direciono ao meu próximo?

É preciso lembrar que ao se prestarem serviços a quem precisa de suporte, de forma voluntária, o que deve prevalecer e realmente aparecer é a instituição e não o agente. Sem contar que devemos preservar a imagem e a dignidade daqueles que estão sob tutela do assistencialismo. Afinal se trata de um ser humano que não apenas merece, mas necessita de nosso respeito e carinho.

Tratar aqueles que necessitam de suporte com a dignidade necessária e não expor publicamente os envolvidos vai de encontro à vaidade inerente àqueles que buscam o mérito e o reconhecimento pelos serviços prestados. Por conta disso que vinculamos a vaidade como principal agente nocivo no voluntariado.

Dignidade. Palavra de conceito complicado de se pôr em prática. Tratar alguém com dignidade é, em suma, respeitar os limites dessa pessoa, não como uma fraqueza ou indiferença, mas sim, dar ao próximo o digno respeito que merecem todos aqueles que tem para consigo o devido zelo. Zelo esse que somente é adquirido a partir do trabalho, da busca incessante da melhoria das condições, do nunca desistir de perseguir, mas não a qualquer custo, a realização de seus anseios.

A essa dignidade, que se traduz na qualidade moral a qual se funde de verdadeiro respeito, nascido da consciência do próprio valor, da honra, da autoridade e da nobreza é aquela que devemos perseguir e respeitar, não apenas a própria, como em muitos casos, mas principalmente a do próximo, visto que é a qualidade de se tornar grande, nobre e elevado frente às adversidades.

Portanto, frente a vaidade, lutemos para garantir que a dignidade de nossos semelhantes não seja manchada. Protejamos com isso, o ideal de onde emergem instituições como o Rotary Internacional, com foco na promoção da harmonia entre os povos. Que possamos expurgar, em nome do ideal a que nos propormos (o voluntariado), todo aquele que busca mais do que o zelo e a luta pela dignidade do próximo. Sim, expurgar todo aquele que busca o seu enaltecimento pessoal, através da autopromoção, seja ela política, ou motivada por resultados profissionais, ou ainda nascida da simples vaidade.

Que com isso, instituições voltadas ao voluntariado, nascido da luta pelos que necessitam de socorro e amparo, nascido da comunidade que tanto carece de um olhar do estado e sim, nascido a partir de um mercado não predatório e deveras justo em recursos, custos e motivações.

28 ENSINAMENTOS JEDI NA MAÇONARIA

Esse é um tema um tanto quanto curioso para ser discutido entre os Mestres Instalados, mesmo se formos considerar um arcabouço de conhecimentos contemporâneos, científicos, filosóficos ou ainda culturais. Bem como, recorrer a cultura POP para estruturar peças de arquitetura ou discursos parece ser até enfadonho ou depreciativo, porém, se com esse pequeno ensaio eu puder ampliar sua gama de formação cultural para acessar irmãos mais novos e contemporizador, já terá sido de grande valia, pois...

"Que a Força esteja com você."

Assim, considerando que quem está lendo esta peça tem por volta de seus 40 anos (grande média dos atuais maçons em fase de aprendizagem e instrução), pergunto, quem, dentre os nerds de ontem e de hoje nunca se inspirou nos ensinamentos e orientações de nosso gigante Mestre Yoda (1980)? Em um mundo forjado pela dramaturgia de ficção, é difícil pensar que ainda existam pessoas que não conheçam este personagem que tanto influenciou gerações e sim, tornou-se o verdadeiro estereótipo do mestre mesmo entre as colunas maçônicas.

Mestre Kame da saga Dragon Ball (1986), Mestre Ancião da saga Cavaleiros do Zodíaco (saint seiya - 1985), Mestre Tung Fu Rue da saga Fatal Fury (videogame de 1991), Mestre dos Magos da Saga Caverna do Dragão (Dungeons & Dragons - 1983) e tantos outros personagens inesquecíveis foram inspirados na figura mítica do velho sábio que é mais poderoso que todos os outros juntos e que não mais vai para a frente de batalha para que outra geração assuma as responsabilidades sobre seus próprios problemas, o que não obstante foram em muitas vezes causados por discípulos anteriores desse mesmo mestre que desgarraram-se da senda da virtude. Traço um paralelo com aqueles que se desviaram do aprimoramento de seu templo interior, tornando necessário ao Mestre Instalado novamente ser a inspiração na resolução dos problemas.

Retornando ao tema, a influência da dramaturgia e em especial do dito Mestre Yoda foi tanta que não é difícil encontrar adeptos da religião Jedi espalhados pelo mundo, inspirando, mesmo que de forma fictícia o ordenamento de todos graças a obra prima de ficção científica desenvolvida por George Lucas - Star Wars (Guerra nas Estrelas).

E foi pensando nisso e buscando nos meus acervos pessoais (pois também sou um grande fã desse universo de ficção), resolvi trazer a vocês um compilado das principais frases proferidas pelo personagem Yoda desde os filmes clássicos até os atuais com foco unicamente em reflexões advindas da forma como compreendo cada uma de suas colocações em um bate-papo dialogado. Não se trata de concordar ou discordar, mas de interpretar e dar um outro olhar aplicado a nossa realidade o qual pode ou não ser absorvido, melhorado ou ainda descartado, se assim o convir.

Assim, vamos a obra:

"Aventura. Excitação. Um Jedi anseia não por essas coisas" - Buscar prazer e adrenalina constantemente não é saudável ou sábio, é preciso ponderar e repensar as prioridades de nossa vida, afinal todos necessitamos da tranquilidade para sermos úteis nos momentos de necessidade.

"Sempre passar o que você aprendeu." - O papel do mestre, entendido como professor, é sempre ensinar o que aprendeu e viveu ao longo de sua própria história. Não obstante é facultado a todo mestre o destino de ser superado pela próxima geração. Afinal, nós somos o que eles superam.

"Um Jedi usa a Força para o conhecimento e defesa, nunca para o ataque." - Esta é uma importante lição para todos nós, afinal, se em um momento de crise formos para o ataque perderemos a razão dos fatos, consequentemente a serenidade necessária a superação dos desafios não mais nascerá em nosso íntimo, quanto mais em nossas ações.

"Em um lugar escuro nos encontramos, e um pouco mais de conhecimento ilumina nosso caminho." - Conhecimento é a luz que ilumina as trevas da ignorância para se superar nossa própria limitação, dessa forma, desenvolver as faculdades e capacidades intelectivas é o mínimo que se espera de pessoas civilizadas, quanto mais daqueles que detém a obrigação de ensinar as próximas gerações.

"Poderoso você se tornou, o lado escuro sinto em você." - Quer conhecer alguém, dê poder a ele, esse dito popular vem antes da mítica frase acima, o poder corrompe e isso fica claro quando aqueles que detêm o poder começam a exibi-lo, pois a vaidade é o atributo dos corrompidos.

"Quando 900 anos de idade chegar, tão boa aparência você não terá" - A idade traz consigo uma liberdade almejada há muito por qualquer ser vivo, a liberdade de ser quem você é sem máscaras, sem maquiagens ou qualquer subterfúgio limitador que dispomos hoje em sociedade, em especial o status social que, não sendo mais necessário é deixado de lado para se usar as vestes da sabedoria.

"Muitas das verdades que temos dependem de nosso ponto de vista." - A verdade é efêmera e transitória, não podemos esquecer disso, assim é preciso buscá-la sempre. Estudar, treinar, refletir, conviver, compartilhar e tantas outras facetas do aprendizado culminam no ensinar, e que assim possamos ensinar que não existe absoluto, nem mesmo na morte, quanto mais na verdade.

"Paciência você deve ter meu jovem Padawan." - Sei que parece piegas e desnecessário, mas é preciso enaltecer a paciência e lembrar aos aprendizes, companheiros e também mestres que tudo tem seu tempo de maturação e é necessário deixar esse tempo percorrer seu fluxo. Tenha paciência. Lembrando que Padawan é o termo usado nesse universo para definição de Aprendiz, sendo que um Cavaleiro Jedi seria o equivalente ao Companheiro e o Mestre Jedi ao nosso Mestre Maçom e por fim, o grande conselho Jedi é destinado aos Mestres Instalados.

"Sinta a Força" - Sentir a força é sentir ao nosso princípio criador, manifestado em nosso íntimo, em nossos irmãos, em nossas famílias e porque não em nosso trabalho e lazer também. É preciso sentir a vida para poder vivê-la.

"O lado negro mancha tudo. Impossível de ver o futuro é" - O lado negro, assim como o nome sugere é o outro lado de algo bom, produtivo, apaziguador, quando deixamos o lado negro sobrepor nosso discernimento e não mais é possível se planejar ou construir algo, ao menos não sem se pagar um alto preço para tanto.

"O medo é o caminho para o lado negro. O medo leva a raiva, a raiva leva ao ódio, o ódio leva ao sofrimento" - A derradeira caminhada para o abismo inicia-se no medo e termina na vaidade, é preciso controlar nossos medos, principalmente aqueles que envolvem as nossas relações, o medo as empurra para o abismo e, depois de despencar dificilmente sobreviverá.

"A morte é uma parte natural da vida. Feliz fique por aqueles que na Força se transformam. Apego leva ao ciúmes, a sombra da ganância isso é" - Não é fácil estar preparado para deixar partir, mais do que isso, não é fácil estar preparado para partir se necessário for, a morte é apenas mais um ritual pelo qual todos devemos estar preparados a enfrentar com naturalidade, afinal, para quem tem espiritualidade sabe que este é apenas mais um estágio da jornada e não seu fim.

"Treine a si mesmo a deixar partir tudo que teme perder" - Como se preparar para a partida daqueles que amamos? Não sei responder. Acredito que ninguém saiba. Precisamos estar dispostos a deixar tudo que nos segura o crescimento e também deixar que os outros sigam seu caminho, não apenas na morte mas nas escolhas da vida também, é parte da jornada de cada um, em alguns momentos a trilhamos juntos e em outros estamos só, mas tudo é transitório.

"Verdadeiramente maravilhosa, a mente de uma criança é" - A pureza de uma criança é sagrada, não temos o direito de tirar isso dela, vaidade, cobiça, ganância, maldade, terror, ódio entre outros tantos atributos do mundo adulto inexistem no coração de uma criança, permitindo que seu julgamento seja limpo de qualquer influência e pela simplicidade o caminho mais óbvio surge e por muitas vezes seria o único caminho.

"Luke: Mas eu não acredito! Yoda: É por isso que você fracassa" - Esse diálogo entre aprendiz e mestre é um retrato fiel da ordem maçônica atual, muitos estão maçons e não são maçons, se você não estiver disposto a evoluir como homem e cidadão, estudar, confiar em seus irmãos e principalmente acreditar, a maçonaria então terá se tornado para você apenas mais um clube, um esporte caro por assim dizer. Lembre-se, o que você veio fazer aqui?

"Tamanho importa não. Olhe para mim. Você julga a mim pelo tamanho?" - Pré-julgamentos, pré-conceitos, pré isso, pré aquilo, a sociedade não pode mais tolerar a ignorância, o fanatismo e, muito menos, a superstição. Devemos combater tudo aquilo que é segregador por natureza e então, com sabedoria, conhecer primeiro para julgar depois, com pautas na justiça e na equidade.

"Seres luminosos somos nós. Não esta matéria bruta" - A mente e o espírito devem sempre estar acima da matéria, a razão deve prevalecer frente aos instintos, devemos evoluir e mudar no compasso e no esquadro para podermos ensinar aqueles sob nosso olhar. Somos mais dos que demonstramos e podemos ser ainda mais do que esperamos.

"Grande guerreiro? Guerras não faz grande ninguém" - A maior das vitórias é aquela advinda das batalhas que puderam ser evitadas, quando vidas são poupadas, honras e reputações são preservadas e egos suprimidos é que surge a verdadeira força, mas lembre-se, um grande rei não almeja a guerra, mas está sempre pronto para ela, desde que seja pelos motivos certos.

"Faça. Ou não faça. Não existe a tentativa" - Ter a força para agir e a vontade para mudar o mundo fazem parte do pensamento e do sentimento de uma mente vencedora, a fé é isso, é acreditar sem provas, ou melhor, sem a necessidade de provas, assim faça ou não faça, mas tentar, tentativa é a dúvida travestida e a dúvida leva a derrota para si próprio.

"Aliada minha é a Força. E poderosa aliada ela é" - Aqueles que tem o Princípio Criador do Universo em seu íntimo, confiam e enaltecem sua glória, sempre estarão sustentados por sua benevolência, seja qual princípio for, desde o Deus de Israel até o Big-bang, se tem fé tem esperança e ela nos dá força.

"Só é diferente na sua mente. Você precisa desaprender o que aprendeu" - O que difere um maçom de um profano? Nada, a não ser o exemplo, sabemos disso, mas se ainda assim não aceitamos, devemos deixar nossas alfaias, títulos e graus e retornar ao topo da coluna do norte, lugar que ocupamos quando nos tornamos neófitos e recomeçar tudo, pois nada foi aprendido de verdade. Todos os homens são iguais perante a lei e a justiça, sendo nossa obrigação fazer valer isso a todos, principalmente maçons.

"O lado negro não é mais poderoso, apenas mais rápido, mais fácil e mais sedutor" - Essa frase fala por si, não há muito o que explorar, apenas que a vaidade é o pecado favorito do diabo, pois é a vaidade que seduz os justos através de falsos elogios e encantos advindos de honrarias fúteis. A escada de jacó é longa e árdua e não existem atalhos para se percorrer a jornada, se pular uma etapa esta fará falta e será fatal no tempo devido. Não ceda ao fácil, ao instinto sedutor embainhado na luxúria das facilidades e do poder, isso é mais transitório que a falsa verdade, não tendo solidez ou sustentação ao longo do tempo. Afinal, a justiça e a verdade sempre prevalecerão, mesmo que leve algum tempo para serem tornadas públicas.

Assim como a maçonaria é forjada por lendas e mitos, assim a sociedade contemporânea também o é, espero que estas pequenas pérolas de sabedoria Jedi, com meus toscos mas sinceros comentários sirvam de inspiração para que você, mestres instalado experiente e experimentado, possa produzir belíssimas peças de arquitetura para seus irmãos que tanto necessitam de sua orientação.

29 PODER E SEXO

Título forte esse, poder e sexo, sim, título forte, mas será que essa é toda história? Parafraseando o escritor irlandês Oscar Wilde (1854-1900) **"tudo no mundo está relacionado a sexo, exceto o próprio sexo, que é uma representação de poder"**.

O Título anterior era (Ensinamentos Jedi na Maçonaria) composto de reflexões mais inocentes e direcionadas claramente para um conceito mais ortodoxo de bem e mal, agora, este Título (Poder e Sexo) surge de uma análise mais ácida, não tão ortodoxa e mais acinzentada dos bastidores do poder que eu espero tornem-se, além de um bom entretenimento, uma fonte de reflexão sobre os caminhos da Ordem Maçônica a partir da experiência de um Mestre Instalado, que já viveu aquilo que o poder e a autoridade podem lhe oferecer, sem se desviar dos objetivos da Ordem e do Rito Moderno em si. Assim, o que podemos absorver além daquilo que ficou martelando todos aqueles que assistiram o seriado norte-americano House Of Cards? Eu espero que seja a sutileza de entender e ver as entrelinhas da gestão de qualquer instituição cuja administração é em teoria democrática, só em teoria.

Partindo de uma perspectiva Freudiana (mas sem se aprofundar nos corredores obscuros da psicanálise), podemos admitir que tudo o que move o ser humano (enquanto espécie e também indivíduo) está relacionado a um instinto primitivo, um desejo regado de conotações sexuais, ou seja, todo comportamento humano é movido pela libido, pela luxúria, pelo prazer e pela satisfação pessoal.

Carl Jung (1875-1961) definia que a libido denota, em princípio um desejo / impulso que não poderia ser freado por qualquer tipo de autoridade, seja ela moral, intelectual ou qualquer outra, visto que a libido é composta de um apetite em seu estado natural (quase um instinto bruto que move a espécie).

Claro que existem outros instintos que nos movem na existência, como por exemplo o instinto de sobrevivência e autopreservação, ou mesmo o de saciar necessidades fisiológicas básicas, mas, o instinto de perpetuação (da espécie) soma-se ao de atenção e satisfação pessoal, misturando-se em muitos sentidos.

O instinto de perpetuação leva-nos a construção de diferentes estratégias pelo objetivo de seduzir a(o) parceira(o). Assim, a sedução, as estratégias de conquista, as batalhas acaloradas, o instinto de sobrepujar presas entram em um duelo por supremacia em que caça e caçador dançam um tango perfeito.

A própria política em si, através de seus jogos pelo poder e negociações complexas, está relacionada com a libido que move indivíduos ao desafio. Tudo é prazer e o prazer é o objetivo.

Nesse sentido, tomo a liberdade de trazer aqui as frases mais cínicas de Frank e Claire Underwood, personagens da série "House of Cards", visto que, se tem algo de respeitável nesses impressionantes representantes dos políticos, através de uma leitura obscena, generalista e impressionantemente condizente com a realidade e que, através da cultura Pop, pode-se desmascarar o jogo político.

Estas frases se traduzem pela sua inteligência, são autênticas marcas registradas da história desenrolada em "House of Cards". Assim, destaco aqui uma breve seleção das melhores interpretações (ao quebrar a quarta parede de uma história) destinadas aos que já assistiram este magnífico trabalho, bem como uma breve tecedura de meus comentários e interpretações (recheados de sarcasmo) aos que ainda não tiveram oportunidade de se aprofundar nos dilemas da vida pública:

A democracia é tão superestimada - Sem sombra de dúvidas essa é uma grande verdade, a democracia é superestimada pelo simples fato de que cada ente eleito não governa para aqueles que o elegeram, seja uma comunidade ou mesmo uma tribo urbana, mas sim, age apenas para saciar-se no poder pensando exclusivamente na próxima eleição.

Há dois tipos de dor, o tipo que te deixa mais forte e a dor inútil, o tipo que é só sofrimento. Não tenho paciência pra coisas inúteis. Momentos como esse pedem alguém com atitude, que faça o que é desagradável, o que é necessário. Pronto, acabou a dor - Sofrer sem aprender algo, seja sobre você ou sobre a situação é no mínimo um desperdício de oportunidade. A experiência advinda do sofrimento é o fogo que forja o instinto humano, se for para sofrer sem aprender nada desejo que desencarne logo, pois nunca irá crescer o suficiente para ascender.

Sempre detestei a necessidade de dormir. Como a morte, ela derruba até os homens mais poderosos - Novamente retornamos aos instintos mais básicos para saciar nossa fisiologia, nem tudo pode ser controlado pela mente ativa, nem todos os destinos são direcionados pela simples vontade humana. Isso nos faz lembrar que ainda estamos vivos e que necessitamos nos curvar ao que não podemos controlar. Sim, ainda existem coisas que não podemos controlar.

É sempre bom que lhe devam favores. Talvez eu tenha ido longe demais nisso, o que é preocupante - Esse velho rabo-preso, não foram poucas as vezes que presenciei isso no poder público. Muitos favores foram prestados e muito caro custaram. Pergunto se valeu a pena ter cedido a tentação por tão pouca esmola? Será que aqueles que vi serem seduzidos tinham ciência do preço extremamente barato de sua dignidade? É triste, mas não tenho pena de ver aqueles que se vendem por migalhas serem os primeiros a serem sacrificados.

Os amigos são os piores inimigos - Infelizmente trata-se de uma constatação. Já tive amigos íntimos que me traíram, isso me destruiu a época. Como já visto em outro posicionamento, se não for para aprender com a dor, que pereça nela. Tive que aprender, mas infelizmente sou um entusiasta da humanidade. Não deixo de ter fé no homem e nas possibilidades do caráter justo e perfeito. Percebo que ainda me irei me decepcionar muito. Paciência, eu sou assim.

É preciso entender a diferença entre dinheiro e poder. Isso é precisamente o que o faz perigoso. Ele não mede sua riqueza em jatinhos privados, mas sim em almas compradas - É até simples de se entender, aqueles com poder tendem a comprar aqueles que necessitam com dinheiro, mas aqueles que apenas têm dinheiro não podem comprar outros iguais. O poder os difere. Ter poder significa tem o controle dos rumos de uma situação, seja um mero blefe no poker, um jogo de sedução em um evento ou ainda os rumos de uma nação. tudo se traduz no libido e nada excita mais que o poder. Como sempre disse aos meus alunos, o sucesso é o mais potente afrodisíaco.

Veja um desperdício de talento. Ele escolheu o dinheiro em vez de poder, um erro que quase todo mundo comete nessa cidade. Dinheiro é a mansão em Sarasota que começa a cair aos pedaços em dez anos. Poder é o velho edifício de pedra que resiste por séculos - Preciso dizer mais alguma coisa? Ou você tem uma estratégia ou é parte da estratégia de alguém. E sempre tem alguém com poder lutando para perpetuar o poder, esses são grandes estrategistas. E você? Em que posição acha que está?

O caminho até o poder é pavimentado de hipocrisia - Certa vez, um grande e sábio amigo me disse que a política é, em resumo, a arte de dizer tudo aquilo que não se está pensando. Verdade, hoje a sociedade vive realmente este tipo de política. Não no sentido de se lutar para que as estratégias sejam as mais condizentes com as necessidades da comunidade, protegendo-a frequentemente dela mesma. Mas sim, vejo com frequência a hipocrisia entremear cada fala proferida publicamente. Discursos construídos para iludir aqueles que buscam ser iludidos. Não foram poucas as vezes que tive náuseas com discursos vazios para pessoas vazias.

Não somos nada mais, nada menos, do que decidimos revelar - Você é aquilo que consome, ou, diga-me com quem andas que eu te direi quem és, ou ainda, não pense que é, sinta que é. Todas essas frases de efeito tem o mesmo objetivo, dizer a vocês que você é o resultado de como você se apresenta. Bem, não sei se concordam, mas um monte de estrume sempre será um monte de estrume. Assim, não tente parecer mais do que é, o menos é mais nesses casos. É melhor as pessoas acharem que você é idiota do que terem certeza.

Só há uma regra: caçar e ser caçado - Se um dia é da caça outro é do caçador e vice-versa. Ao menos deveria ser assim, no mundo real não existe caça, todos são caçadores e predadores vorazes e querem que você seja a presa. Eles adorariam ter um pedaço de mim, pois que venham, terão uma surpresa se acham que não devolverei o golpe. Se você não aprender a se defender alguém ainda irá te devorar.

Não existe justiça. Apenas partes satisfeitas - Aos que valorizam o dinheiro acima da honra, não lhes é facultada a dádiva da amizade. O que existe é reciprocidade e interesse. Isso resume substancialmente o que essa frase representa. Afinal, justiça é o cumprimento da lei vigente ao se cobrar o peso dos atos alheios e, quando existem brechas na legislação, existe a oportunidade de se ter algumas almas no bolso.

Assim é como se devora uma baleia, Doug. Um pedaço de cada vez - Ou, como diria Jack (o estripador), vamos por partes... Essa é uma importante lição a ser apreendida na vida pública, não tentemos resolver o mundo em um dia, nem solucionar todos os problemas de uma vez, é impossível. Além de não existir uma fórmula mágica, ou uma receita de bolo, provavelmente você deixaria algo para traz que é vital, e não estou me referindo a todos que não querem que você resolva o problema, porque perderam muito dinheiro, mas sim, acabaria passando algo... a pressa não é saudável quando se tem as vidas de uma comunidade em suas mãos, mesmo que ela não entenda e não aceite isso.

Amo essa mulher. Amo-a mais do que os tubarões amam sangue - A que ponto o amor pode ser substituído pela cumplicidade? Quem sabe. Talvez nunca possa ser substituído, apenas acrescido. Agregado valor. Acredito que, assim como eu encontrei uma grande companheira, todos possam encontrar quem os complete. Apesar de ser perigoso confundir objetivos e interesses com amor. Mas o amor não é feito também de interesses? Isso que significa superar instintos primitivos em detrimento daquilo que nos sacia a mente e a alma.

Há dois tipos de vice-presidentes: os que se deixam pisotear e os que pisoteiam. Qual você acha que pretendo ser? - Verdade, se for para crescer, que seja mais do que os outros, ao menos isso é o que se espera, olhando a história de Alexandre da Macedônia (O Grande), podemos entender melhor esse conceito. Um verdadeiro líder, ou melhor, um verdadeiro Rei é aquele que vive ao máximo sua vida, usufruindo, desfrutando e conquistando tudo aquilo que, seus súditos e aqueles que o serviram e pereceram em batalha não puderam realizar. Mas tem um preço a ser pago. Você está disposto a pagar? Caso não esteja, viva modestamente, não aspire grandes realizações, tenha o necessário e seja feliz. Todos querem a Glória, mas poucos abdicam de sua vida por ela. Claro, isso não significa que você precise ser um otário babaca que pisa nos outros por puro prazer. É possível ser grande e continuar sendo digno.

Eu odeio esses joguinhos de Merda - Fantástica, simplesmente fantástica, essa frase representa a vontade que gostaria de externar durante toda, e digo toda mesmo, minha trajetória no serviço público. Não encontrei e acredito que não será tão fácil assim, uma frase que supere essa no quesito externação de tudo aquilo que está interiorizado. Mas, fazer o que né, temos que jogar... sempre jogar...

Tenho quase pena dele, ele não escolheu ser colocado no meu caminho, quando eu trincha-lo e jogá-lo aos cachorros, só então ele vai confrontar essa verdade brutal e me escapar. Meu Deus, a minha vida não serviu pra nada? - Com o tempo e a experiência necessária, você também passará a pensar assim. Mas cuidado, nem todos estão dispostos a serem justos em seus combates. Na verdade é mais provável que te encarem como um inimigo a ser destruído que um adversário a ser superado. Os justos não travam lutas desnecessárias e os injustos vivem delas.

Se não gosta de como a mesa está posta, vire a mesa - De forma até otimista, se você não está satisfeito, faça alguma coisa para mudar isso, até mesmo radical se preciso for, mas faça. Lembrando que a mesa posta é o cenário de nomeações e situações nas quais se encontram os cabides políticos, afinal, cortar cabeças pode ser necessários quando a máquina pública é uma hidra.

Decisões baseadas em emoções não são decisões, são instintos - Sempre escutei meu chefe dizer, não aja com o fígado, ele foi feito para filtrar toxinas e não pensar ou sentir. Hoje eu entendo que ele está coberto de razão, o instinto é necessário a sobrevivência, mas não pode guiar nossas ações e relações no serviço público e sim, também não podem nos guiar no serviço privado (a menos que você tenha uma grande empresa, mas tão grande que você não dependa de salário, somente assim você terá o privilégio de agir com o fígado).

Eu odeio ficar preso na escuridão, esperando. especulando. Sendo inútil - Se a escuridão não fosse uma analogia, por si só já seria complicado de lidar com a privação de um dos principais sentidos que permitem a interação com o mundo ao nosso redor, mas, como tudo na vida não é simples esta questão também não o é. Ficar na escuridão é péssimo, principalmente quando essa escuridão é advinda a ignorância provocada pela falta de informação, ou da informação completa. Traçar cenários, estratégias, ações e defesas sem conhecer o tabuleiro todo, ou sem saber onde e com quem estão as peças e as forças dessas peças é uma encruzilhada difícil de lidar. Odeio ficar no escuro quando preciso construir estratégias, ou mesmo trabalhar. Infelizmente isso ocorre muito, pois todos sempre tem outros objetivos, afinal, se você não tem uma estratégia será parte da estratégia de alguém.

Para aqueles de nós escalando até o topo da cadeia alimentar não pode haver misericórdia - Não posso deixar de concordar com essa frase, apesar de ter as minhas ressalvas quanto ao meu íntimo, que por questões óbvias remete-me a humanidade do serviço em prol do próximo. Mas observando com maior frieza, é preciso considerar que não terão piedade ou misericórdia conosco se estivermos no caminho para alguns objetivos de terceiros.

Eu rezo para mim mesmo e por mim mesmo - Discordo dessa frase no que diz respeito a minha espiritualidade mas, trazendo para a realidade, não devemos confiar que outros atenderão as nossas orações, não me referindo a fé no divino mas sim, diretamente a fé no homem. O ser humano é falho e tendencioso a pensar apenas em si e não nos outros.

Poder é muito parecido com mercado imobiliário. Tudo se resume a localização, localização, localização - Não tenho como discordar dessa frase, afinal, não foram poucas as vezes que presenciei decisões serem forjadas com base na posição atual dos envolvidos. O triste é imaginar que alguns tentam fortemente direcionar os acontecimentos com base em uma posição transitória. Certa vez, um político ao encontrar um empresário nos corredores de Brasília o perguntou surpreso - você por aqui? - O empresário sabiamente respondeu - Eu estou sempre por aqui, vocês é que mudam a cada quatro anos.

Quanto mais próximo estiver da fonte, mais valiosa é sua propriedade - Localização é tudo, especialmente se formos observar que as decisões mais importantes requerem informação privilegiada para garantir o tão almejado sucesso. Isso também serve com relação a Ordem Maçônica, o único detalhe é que espera-se de seus membros a ética necessária para o bem da coletividade e desenvolvimento geral da instituição.

Se nunca fizéssemos coisas que não deveríamos fazer, nunca nos sentiríamos bem fazendo o que devemos - Infelizmente, as vezes precisamos tomar decisões e agir em prol do futuro, mesmo que ninguém mais tenha o pleno cenário dos acontecimentos e você esteja fadado a injusta pré-avaliação daqueles que, limitados pela parca visão, acreditam que o melhor fosse não agir ou deixar que assim ficasse. Outras vezes, para termos a oportunidade de fazer o certo necessitamos deixar que outros façam sua parte, mesmo que isso os leve a ruína profana, mas a construção de um castelo inicia-se apenas após o assentamento da pedra fundamental em local apropriado, pedra essa que fora esculpida e redefinida pelo maço da vida. Mesmo assim, sacrifícios sempre são sacrifícios e seus gritos nos perseguirão enquanto habitarmos o castelo.

Não há maneira melhor de derrotar um pingo de dúvida do que receber uma inundação de verdade crua e nua - Essa frase fala por si, mas mesmo assim não posso me furtar de fazer um paralelo com outra anedota moral conhecida como "A PARÁBOLA DA VERDADE E A MENTIRA" (Autor desconhecido):

> Certa vez, a mentira e a verdade se encontraram.
> A mentira disse para a verdade: - Bom dia, verdade.
> A verdade foi conferir se realmente era um bom dia. Olhou para o alto, não viu nuvens de chuva e havia pássaros cantando. Ao ver que realmente tratava-se de um bom dia, respondeu à mentira: - Bom dia, mentira.
> A mentira prosseguiu: - Está calor hoje.
> E a verdade, percebendo que a mentira estava certa pela segunda vez, relaxou.

A mentira então convidou a verdade para um banho no rio. Despiu-se de suas vestes, pulou na água e disse: - Venha, verdade, a água está uma delícia.

Assim que a verdade, sem suspeitar, tirou suas vestes e mergulhou, a mentira saiu da água, vestiu-se com as roupas da verdade e foi-se dali.

A verdade, por sua vez, recusou-se a vestir-se com as vestes da mentira. E por não ter do que se envergonhar, saiu nua a caminhar pelas ruas e vilas. E desde então, é por este evento que, aos olhos de muita gente, é mais fácil aceitar a mentira vestida de verdade do que a verdade nua e crua.

A liderança é uma coisa maravilhosa e preciosa. Mas tem um preço: a solidão - Esta frase não poderia ser mais verdadeira, quis o G. A. D. U. que em alguns momentos eu estivesse em posições profanas e maçônicas de liderança ou destaque, nesses raros momentos pude observar a vaidade e o oportunismo moverem as pessoas para próximo de mim apenas com o intuito de se beneficiarem com a minha posição. Não me refiro a todos, pois muitos que me acompanharam estavam lá por verdadeira vocação e doação, mas ainda assim, quem costumava aparecer eram os oportunistas, verdadeiras hienas da sociedade e que, por consequência, acabava me isolando e me recolhendo em solidão para que na introspecção pudesse limpar meu íntimo e enfrentar mais um dia de trabalho, pois alguém precisava fazer. Tinha que ser feito, mas custa caro fazer.

Decisões têm consequências. Indecisões, mais ainda - Vou recorrer ao Dilema do Herói nesta verdadeira frase, se eu for para a esquerda ou para a direita uma pessoa vai morrer enquanto eu salvo a outra, mas se eu não for, as duas irão morrer. Essa anedota moral que é o Dilema do Herói traduz bem o preço da inércia, afinal, basta não fazer nada para tudo dar errado. Mesmo que às vezes o melhor seja não agir e deixar o tempo seguir seu fluxo existirão momentos em que não será possível, ou será muito caro não fazer, não interferir ou simplesmente ignorar. A isso chamamos de negligência e não é por menos que é tido como um dos grandes pecados modernos.

Vale sempre a pena repetir: vencedores constroem pontes. Perdedores, paredes - Como Mestre Instalado você já deve ter ouvido a seguinte tratativa, juntos ou unidos somos mais fortes, a união faz a força e outras variáveis. Bem, estão completamente certas, mas esquecem que para que as pessoas se unam sob um ideal, uma bandeira ou uma causa, é preciso que alguém construa e pavimente as vias para isso. Seja um construtor de pontes e a vitória sempre estará a um passo de você e, no pior cenário possível, que este seja seu legado para o mundo, um caminho que una os dispersos pela superfície da terra mais que o próprio pavimento mosaico ou a corda de 81 nós. Somos construtores sociais e não podemos deixar de lado nosso princípio régio de edificar templos e construir masmorras.

Evite as guerras que você não pode ganhar e nunca levante uma bandeira por uma causa estúpida - É o que eu gostaria de dizer também, mas como humano, estou fadado a estupidez de alguma forma. Nosso caráter, nossa honra e nossos princípios muitas vezes nos levarão a travar guerras impossíveis, para muitos isso será uma causa estúpida e podem até estar certos mas, se defender meus ideais e meus irmãos que tanto se doaram e se sacrificaram por mim é uma causa estúpida, então sim, sou estúpido também e sempre irei para guerra junto de meus irmãos e de minha família, afinal, quando não sobrar mais ninguém ao meu lado eu pergunto, quem irá procurar por meu corpo e reclamar a minha alma?

Nunca coloque-se à mercê de decisões dos outros. Tome a iniciativa - Certa vez escutei uma colocação de um professor que tive, onde ele sempre dizia "ou você tem uma estratégia ou faz parte da estratégia de alguém", portanto, tomar a iniciativa às vezes é a melhor estratégia para se resolverem problemas e evitar conflitos, ou ainda, quando necessário iniciar o conflito. Mas cuidado, perde a razão aquele que dá o primeiro tiro. Tenha uma estratégia que, ao longo do tempo, outros tomarão a iniciativa por você, acharão que estão no controle ou ainda que a decisão é deles mesmos, mas não imaginam que estão se movendo por um trajeto programado por você. É duro, mas o líder às vezes precisa fazer o que é necessário e não apenas o que é agradável ou conveniente.

Quando você está negociando, ofereça o que você pode. Então, depois, volte e peça mais - Essa barganha foi vista e revista inúmeras vezes nos bastidores e corredores dos órgãos públicos, não consigo entender como o "eu acima de tudo" prevalece e encanta tanto aqueles que pelo voto, elegeram e elegem corruptos e devassos. Mas, como é comum dizerem - **Isso são negócios, guarde suas histórias tristes para você mesmo** - Devemos combater essa corja em seu território, ocupando seus espaços e não sucumbindo aos seus discursos, não é atoa que para que o mal prevaleça, basta que o bem não faça nada, e apenas reclamar é o mesmo que não fazer nada.

Meu trabalho é limpar os encanamentos e manter a sujeira saindo - É um jeito desagradável de pensar, mas enquanto estive servidor público pude entender melhor essa frase por uma perspectiva operacional, afinal, se os encanamentos forem entupidos vão estourar, mas nesse processo de saneamento da corrupção, todos ao seu redor, incluindo os inocentes, serão afetados drasticamente. É preciso deixar a máquina funcionando e estancar o esgotamento em sua fonte e não na tubulação. Deve-se destruir o gerador do resíduo e não a estrutura da edificação e infelizmente às vezes é preciso ser encanador para deixar a máquina funcionando e fazer com que o coletivo seja o beneficiário até que o gerador seja obliterado, pois sem saneamento todos viveríamos afundados em merda. O problema é que sempre que um sai do trono (vaso), outro senta em seu lugar.

Tenho tolerância zero para traição - Não existe traição que não seja de alguém próximo a você, por exemplo, um inimigo não vai te trair, afinal, você já espera esse tipo de atitude dele e está preparado para isso, então é mais uma ação que uma traição. A traição vem daqueles que você não espera, daqueles em que você deposita sua confiança e nutre determinados sentimentos, portanto considero pessoalmente a traição como um ato calculado e pensado para te atingir e para esse tipo de pessoa, sou muito claro, não tenho tolerância com atos premeditados, tenho sim, é o desejo de vingança que corrói meu íntimo, que não deveria sentir ou alimentar, mas que é tão saboroso quanto um excelente vinho, maturado e envelhecido no tempo. E nesse sentido o universo tem sido parceiro, pois o destino dos traidores é serem traídos. Sinto as vezes que o universo me presenteia com o melhor dos vinhos.

A partir deste momento, você é como uma rocha. Não absorve nada, não diz nada e nada quebra você - A se fosse fácil ser uma rocha, não teria tido tantos problemas e dificuldades em minha jornada, mas também não teria tido tantas experiências que me fizeram crescer. Ser inatingível é sinônimo de ser insensível, é não sentir nada e ninguém para não ser alvo ou alvejado por nada e ninguém. Será que vale a pena? não sei, somente acredito que em determinados momentos é necessário a sanidade de qualquer um não sentir, não agir, não reagir, apenas deixar o tempo seguir seu fluxo natural.

A perda nos faz reavaliar o que nos é mais sagrado - Se a vitória é um momento ímpar, a derrota é um momento necessário, a partir da derrota é que adquirimos experiência e nos preparamos para usufruir da vitória, mas a que preço entramos na competição? A derrota enquanto perda pode e deve ser entendida também como o desligamento daquilo que nos é precioso, mas sem nossa vontade, como a perda de um ente querido ou de uma oportunidade única, ou de uma etapa única da vida como o nascimento de um filho, a perda é uma derrota na vida, mas ela é necessária. Que possamos aprender com nossas perdas e falhas para poder caminhar na direção de uma vitória plena. Afinal, ninguém quer perder, nem para a morte.

Competência é uma ave rara nesta floresta, que eu sempre aprecio quando vejo - É assustador como essa frase é verdadeira, não importa onde se observa, no serviço público brasileiro, no que se refere ao executivo e legislativo, existem três tipos de servidores: O primeiro e o segundo fazem a dobradinha 80/20, onde 80 % dos servidores fazem apenas 20 % do trabalho e 20 % dos servidores fazem os outros 80 %, não se trata de fazer 100 % daquilo que se propõe, é fazer isso e muito mais, pois o serviço precisa ser feito. Já o terceiro é aquele servidor que apenas cacareja, ou seja, é o pavão que adora aparecer sobre o trabalho alheio e fazer a dita politicagem... Esse verdadeiramente me provoca náuseas.

Assim como um grande homem disse uma vez: tudo é sobre sexo. Exceto o sexo, sexo é sobre poder - Por fim, retornamos ao princípio de nossa tratativa, Poder e Sexo, tudo está relacionado a isso, Poder e Sexo. A que bela libido e entorpecente luxúria que guia as ações do homem. O que seria da humanidade sem a luta pela sobrevivência do mais apto? Sem a transferência dos melhores genes? Sem a construção dos saberes e a centralização dos poderes? Talvez nunca saibamos, afinal, isso nos torna humanos.

Preciso me desculpar pela acidez desta peça de arquitetura, visto que fora escrita se comparando um seriado norte americano com os corredores das instituições públicas, políticas e organizacionais das quais, feliz ou infelizmente a Ordem Maçônica faz parte e que, como Mestre Instalado, você provavelmente já vivenciou, assim como eu, inúmeras vezes essas frases sendo aplicadas e, gostando ou não, é nosso dever utilizar dos insumos disponíveis para edificar nosso templo, mesmo que a contragosto. Assim, como já dizia o dito popular, se a vida lhe deu limões, faça uma torta.

30 CONECTIVIDADE, LIBERDADE E HUMANIDADE

Quando Samuel Colt inventou o revólver de seis tiros, em 1836, o "slogan" para vendê-lo era:

"Deus fez os homens diferentes; Sam Colt tornou-os iguais"
"God made men different; Sam Colt made them equal"

Morria aqui o cavalheirismo medieval na prática e iniciava uma derradeira alteração nos princípios régios da humanidade. Até então o mundo pertencia aos hábeis, destemidos, capazes e o esforço era o mais próximo da superação almejada, pois a habilidade era fundamental tanto no ofício quanto na guerra mas, o mundo mudou, será que a Maçonaria mudará também? E mais importante que isso, qual será o preço a ser pago? Quantas moedas Caronte nos exigirá pela travessia entre os velhos usos e costumes e a conectividade contemporânea?

O escritor Isaac Asimov, através de inúmeros contos e artigos científicos descreveu sua preocupação com o crescimento exponencial das pesquisas com robótica e Inteligência Artificial - IA, sendo que a partir de suas reflexões envolvendo a convivência (pacífica ou não) entre seres orgânicos e inorgânicos desenvolveu princípios e diretivas que passaram a ser entendidas como as Três Leis da Robótica. Esse direcionamento buscava diretamente um equilíbrio entre criador e criatura através do qual seria possível a perpetuação do gênero humano através das eras. As Três Leis da Robótica propostas por Asimov são respectivamente:

1º um robô não pode ferir um humano ou permitir que um humano sofra algum mal;
2º os robôs devem obedecer às ordens dos humanos, exceto nos casos em que tais ordens entrem em conflito com a primeira lei; e
3º um robô deve proteger sua própria existência, desde que não entre em conflito com as leis anteriores.

Hoje esses princípios ainda permeiam o imaginário humano e guiam nosso zelo para com a tecnologia, principalmente no que diz respeito às áreas de pesquisa em robótica e inteligência artificial, porém, o verdadeiro risco ao qual a humanidade está exposta não está diretamente relacionado com a insurgência de uma força opressora protagonizada pelas vidas artificiais e sim no uso indiscriminado da tecnologia pelo próprio ser humano, afinal é parte da natureza humana a autodestruição e o desprezo pelo próximo mesmo que isso venha a conflitar diretamente com nossos instintos mais básicos.

Em contrapartida, destaca-se que a humanidade tem evoluído constantemente no que diz respeito ao aprimoramento humano, sendo que o advento de novas tecnologias tem auxiliado neste processo de forma direta e, porque não, despreocupada no que diz respeito a implicações éticas e morais desses aprimoramentos.

Ressalta-se que a pesquisa direcionada ao suporte a vida e ao provimento de instrumentos que garantam a igualdade e equidade entre os seres humanos é notavelmente benéfica e deve ser desenvolvida a passos largos, em especial aqueles estudos que tem por objetivo devolver a dignidade e a auto suficiência a aqueles que tiveram alguma adversidade.

Essa abordagem para com a pesquisa científica não é nova, ou melhor, contemporânea, visto que a tecnologia é definida por tudo aquilo que é desenvolvido visando dar ao indivíduo um upgrade de potência, funcionalidade e atributos além dos naturais já dispostos na fisiologia nativa.

Nesse sentido, o advento de instrumentos que auxiliam e suportam o status quo de diversas sociedades humanas na contemporaneidade foi, ao longo dos séculos, empregado na sustentação e na defesa dos interesses sociais e de governos, principalmente no que diz respeito a desenvolvimento militar, com a pesquisa focada inicialmente em estratégias e armamentos que garantam vantagens militares e em menor escala na correção das consequências desses enfrentamentos. Por exemplo, o desenvolvimento médico-farmacêutico na pesquisa por medicamentos, técnicas cirúrgicas e próteses para substituição de membros amputados.

Essas pesquisas beneficiam a toda sociedade mas, é penoso que o impulsionador maior de investimentos não sejam os benefícios e sim o desenvolvimento militar. O que antes foi pesquisado para tirar vidas passou a salvá-las. Visto que um soldado saudável e preparado é um combatente mais eficiente. Ressalta-se que a humanidade, com poucas exceções, tem gozado de um período de relativa paz, sem a ameaça de uma guerra mundial iminente ou de um inimigo comum aos povos. Em época de paz o que tem direcionado a pesquisa é simplesmente o ganho mercadológico e o acúmulo de recursos, sendo deixado em segundo ou terceiro plano o benefício social. Mas deixando isso de lado, desde que a humanidade se beneficie futuramente, não importa o motivador da pesquisa.

Entretanto, estamos aqui pensando em um universo mais íntimo e restrito pautado na conectividade a que todos estamos expostos e o impacto que isto gera no comportamento dentro e fora de loja. Afinal, estamos preparados para viver maçonicamente em um mundo conectado e absurdamente acelerado? Será que não haverão consequências na conectividade contrárias aos princípios maçônicos?

Consequências? sim, consequências. Cito aqui a possível perda do Livre Arbítrio, pois se somos em tese livres e de bons costumes, isso deveria significar que nossa vontade não é submissa a nada ou ninguém além de nós mesmos, salvo os desígnios legais. Mas alerto, hoje já somos escravos da vontade conectada expressa em nossos celulares, tablets e smartphones os quais nem em nossas sessões conseguimos desligar. Somos reféns da informação e da necessidade de autoafirmação social. E o que está por vir é ainda mais preocupante.

Outros dispositivos buscam prover ganhos de processamento cognitivo através de sistemas informatizados como o Cloud Computing[21] e acesso a grandes bases de dados como o Big Data[22] de forma instantânea. Exemplificando esses dispositivos encontramos os equipamentos de acesso e imersão a Realidade Virtual (VR - Virtual Reality) que com a ajuda dos Smartphones atuais permitem acesso a ambientes simulados, os quais permitiram até a realização de sessões maçônicas totalmente realizadas virtualmente.

Atualmente esses recursos estão sendo disponibilizados para simulação em ambientes controlados, treinamentos, cirurgias remotas, pesquisa e desenvolvimento tecnológico e até recreação e entretenimento, sendo este último o maior motivador para comercialização de Gadgets[23] a população como um todo, sendo que muitos são desenvolvidos de tal forma que permitem até a sua utilização não ortodoxa como ferramenta de Engenharia Social[24].

Hoje encontramos diversos eletrodomésticos, eletroeletrônicos e até residências conectadas constantemente a rede mundial de computadores, o que permite o controle, monitoramento e automação de diversos commodities, indo desde a climatização de ambientes ao controle de complexos industriais sem a interferência in-loco do ser humano.

Também encontra-se em desenvolvimento os elementos biotecnológicos que tem por objetivo mesclar elementos orgânicos e inorgânicos fundindo circuitos integrados a biologia humana através de Tech Tats, que nada mais são do que tatuagens que recriam

---

[21] Cloud computing (ou computação em nuvem) refere-se à utilização da memória e da capacidade de armazenamento e cálculo de computadores e servidores compartilhados e interligados por meio da Internet, seguindo o princípio da computação em grade.

[22] Big Data refere-se a um grande conjunto de dados armazenados. O conceito se baseia em velocidade, volume, variedade, veracidade e valor dos dados dispostos em especial na internet.

[23] Gadget é uma gíria tecnológica sobre um equipamento complexo criado para facilitar uma função específica e útil no cotidiano, Como por exemplo, dispositivos eletrônicos portáteis.

[24] Engenharia social refere-se a um termo em segurança da informação que descreve uma metodologia de espionagem que se utiliza da persuasão na obtenção de informações a serem utilizadas no acesso não autorizado a computadores ou informações.

através de uma tinta condutora estruturas que transformam a pele humana em uma enorme placa de circuitos.

Através dessa tecnologia já é possível substituir controles remotos simplificados, construir chaves de acesso criptografadas, personalizadas, pessoais e intransferíveis além de tornar possível diversos tipos de monitoramentos e acompanhamentos médico-hospitalares, os quais nos transmitem uma sensação embriagante de desenvolvimento e nos direciona ao seu uso indiscriminado até em momentos onde deveríamos manter sigilo e discrição.

Nesse sentido, observa-se que a humanidade tem caminhado a passos largos para a imersão completa de nossa consciência em ambientes virtuais. As obras de ficção científica que previam esse tipo de conexão entre a realidade e a simulação não estão mais tão distantes em nosso futuro e, tão pouco são tidas na contemporaneidade como fantasiosas.

Obras como Ghost in the Shell[25] ou The Matrix[26] já não são consideradas meros devaneios de aficionados por tecnologia, abordando com profunda reflexão os impactos que o uso indiscriminado dos ambientes virtuais de imersão total podem desencadear em uma sociedade cuja moral e a ética não fossem as mais justas ou corretas para nossos padrões de convivência e respeito mútuo.

A partir disso, é possível ir além da mera especulação, questiono-me sobre quais seriam os efeitos de Gadgets que proporcionam conectividade instantânea da mente humana na internet? Quais seriam as implicações de se hackear a mente humana? Parece absurda a possibilidade de se hackear a mente humana, porém isso já ocorre em diversos momentos.

Sempre que observamos um contexto de narrativa sobre um fato ou uma versão de um fato, estamos inclinados a ter a posição advinda do narrador. Essa é a milenar máxima romana de que o vencedor conta a história. Assim, votamos nos candidatos que os narradores indicarem, comemos as comidas sugeridas, vestimos as roupas da moda ditada por outros e por aí vai. Porém, ao se quebrarem os limites da atual conectividade, quando passarmos a integrar fisiologicamente sistemas informatizados complexos não precisaremos mais ser convencidos sobre um lado da história, simplesmente seremos atualizados pela vontade do narrador diretamente no subconsciente. Fica a pergunta, o que é realidade?

---

[25] Ghost in the Shell é um mangá de influências cyberpunk (ou Cibernarquismo - subgênero de ficção científica, conhecido pelo enfoque na alta tecnologia e na baixa qualidade de vida resultante) lançado em 1991 o qual rendeu adaptações para anime e em 2017 para uma produção cinematográfica.

[26] The Matrix é uma produção cinematográfica lançada em março de 1999, com continuação intitulada Matrix Reloaded, lançado em maio de 2003 e Matrix Revolutions, lançado em 5 de Novembro de 2003.

Tomo aqui a liberdade de buscar o diálogo entre os personagens fictícios Morpheus e Neo (The Matrix - 1999) onde discorrem sobre o que é realidade ao estarem conectados a realidade virtual:

> **Neo** - Isso não é real? **Morpheus** - O que é real? Como se define real? Se você se refere ao que pode sentir, cheirar, provar e ver, então real são apenas sinais elétricos interpretados pelo seu cérebro.

Esse diálogo busca nos lembrar que a realidade pode ser tida como a interpretação que cada indivíduo tem do ambiente ao seu redor, ou seja, trata-se da interpretação que cada um atribui ao meio e que não necessariamente é condizente com a verdade, visto que pode ser influenciada propositalmente (ou não) pela interferência de algo ou alguém. Essa interferência pode variar desde a influência de um pharmaco (ou fármaco / ou droga) chegando até a influência de cunho histórico-político-ideológico promovido sempre que existe a troca de vertente política a frente de uma nação. Portanto, é chegado o tempo de se pensar nos impactos que estes upgrades podem tem na sociedade através da violação de privacidade e, em casos mais extremos, na violação de nosso livre arbítrio.

Em um mundo regrado e imerso na conectividade isso já vem sendo imputado de forma subjetiva através da comercialização de nossos históricos sobre pesquisas e transações realizadas na internet, sites visitados e redes sociais que frequentamos e que noticiam nosso comportamento, desejos e vontades. Tanto que não é incomum que ao se pesquisar um determinado tema nas redes de comunicação que em seguida venham inúmeros posts sobre o assunto de forma desenfreada na tentativa de movimentar mercados. Trata-se de uma estratégia comercial o acompanhamento de nossos dados na rede mundial de computadores (internet) o qual é base para decisões mercadológicas de grandes conglomerados. Ao mesmo tempo em que bancos comercializam históricos de seus clientes para operadoras de cartão de crédito visando abertura de mercado e ampliação de investimentos.

E o que tem chamado a atenção é o nítido direcionamento de informações buscando influenciar nosso desejo comercial e mais, a tentativa de criar esse mesmo desejo por coisas que não necessitamos para nosso dia a dia. Esta é uma forma de programação neural a qual estamos expostos constantemente, seja nas definições éticas e morais em sociedade até a forma como lidamos com instintos básicos de nossa estrutura fisiológica (não que os programas televisivos já não desempenhem com maestria esse papel ao "educar" nossa sociedade).

Apenas podemos imaginar o que poderia ser feito no caso alguém acessar indevidamente um ressincronizador cardíaco com acesso remoto (marca passo com wi-fi), dependendo da intenção poderia ser pleiteado desde um aceleramento proposital do fluxo sanguíneo buscando a superação de limites físicos a um assassinato premeditado por parada cardíaca.

Portanto, entende-se que a conectividade está colocando em risco nossa capacidade de discernimento, julgamento e tomada de decisão, se é que somos realmente detentores dessas atribuições de fato, pois de direito temos o limitador da lei e do direito nato de meu próximo.

Ao se buscar uma perspectiva para nosso futuro, encontramos uma grande probabilidade de que este futuro venha a esbarrar em um conceito muito simples, a liberdade, ou melhor o limite da liberdade, tendo em vista que por diversas vezes somos cerceados pelo controle imposto a todos aqueles que utilizam sistemas informatizados, controle este advindo da falta de segurança para com o tráfego de dados em meio virtual.

Como que o controle está relacionado com a falta de segurança? Não seria o contrário? Com o aumento da segurança que vem o aumento de controle? Na verdade o controle aqui descrito não é o nosso controle para com as informações que é garantido pela Segurança da Informação, mas sim o controle de terceiros a que o indivíduo está sujeito pela falta de segurança da informação ou uma segurança mais concreta. Esse controle tem por único objetivo cercear o livre-arbítrio do indivíduo, principalmente no que tange a tendências e opiniões.

Com o intuito de clarear um pouco o entendimento, deve-se ter claro que livre-arbítrio é a possibilidade de decidir ou escolher em função exclusiva da própria vontade, que por sua vez deve ser isenta de qualquer condicionamento, motivo ou causa determinante que direcione essa mesma decisão senão aquela advinda da vontade humana.

Como é de senso comum, existem técnicas, ferramentas e mecanismos que visam deturpar a vontade humana, seja em meio físico, meio digital ou mesmo meio social, sendo este último o de maior fragilidade na contemporaneidade para com sistemas informatizados. Afinal, o fator humano nas equações de segurança sempre será a principal via de acesso a conteúdos que deveriam estar protegidos.

Dentre as ferramentas e estratégias para quebrar a segurança em sistemas (informatizados ou não) destaca-se a Engenharia Social como a ciência que, não apenas estuda os comportamentos humanos, mas também as técnicas de obtenção de dados e informações de forma sutil, através da qual os usuários não tem noção de que estão sendo interrogados e espionados visando a quebra de protocolos de segurança.

Este tema vem de encontro aos itens e atributos para implementação da Segurança da Informação nos meios corporativos, sendo essas técnicas discutidas internacionalmente em tempos de conectividade e preservação da propriedade intelectual de empresas, governos e indivíduos, esses atributos são definidos pela Associação Brasileira de Normas Técnicas - ABNT através da NBR 17799:2005 e suas atualizações (27001 e 27002:2013) como sendo:

- **Confidencialidade**: limitar o acesso a informação somente às pessoas ou sistemas autorizados;

- **Integridade**: garantir que a informação permaneça inalterada em seu ciclo de vida;

- **Disponibilidade**: garantir que a informação esteja disponível para aqueles autorizados na hora necessária;

- **Autenticidade**: garantir que a informação tem a origem declarada;

- **Irretratabilidade** ou **não repúdio**: garantir a impossibilidade de negar a autoria ou o recebimento de uma informação;

- **Conformidade**: garantir o alinhamento às leis e regulamentos do processo;

- **Legalidade**: garantir o valor legal das informações no processo;

- **Auditoria**: garantir a rastreabilidade do processo ou informação através do histórico dos eventos;

- **Privacidade**: controlar quem acessa informações com controle de local e horário;

A partir desses atributos de segurança é possível identificar claramente um esforço a nível mundial para garantir a segurança dos dados compartilhados através de meios digitais, principalmente no que diz respeito a transações corporativas, bancárias, sociais e demais usos que possam impactar na geração de negócios, aumento de produtividade e renda.

Da mesma forma que é notória a pesquisa para com a segurança da informação é igualmente notória a pesquisa em sistemas, técnicas e estratégias para se burlar estes procedimentos e invadir, usurpar e utilizar indevidamente dados de terceiros para diversas finalidades, dentre as quais destacam-se o tráfico de influência com base em informações privilegiadas, adulteração de dados para sabotagem e interferência em diversos núcleos estratégicos (governos, empresas, entidades militares, grupos de classe, etc.) e acesso a informações pessoais visando interferência na liberdade de escolha de toda sociedade, isso sem contar o furto de insumos financeiros de diversas fontes.

É preciso ter ciência de que não existe sistema informatizado plenamente seguro, ou isento de falhas. Sempre existem brechas que podem e com certeza serão exploradas pela classe criminosa que neste trabalho é exemplificada pelos populares hackers. Entende-se por Hacker em definição do termo/palavra:

> **Hacker** é uma palavra em inglês do âmbito da **informática** que indica uma pessoa que **possui interesse e um bom conhecimento** nessa área, sendo capaz de fazer hack (uma modificação) em algum sistema informático. (SIGNIFICADOS[27], 2018, Web)

Salienta-se, entretanto, que existe forte vertente em defesa de que o conceito é restrito a aqueles que possuem profundos conhecimentos a respeito de sistemas informatizados, não necessariamente voltados para delitos graves, porém, deve-se ter claro que mesmo um delito leve como o acesso não autorizado a um sistema fechado por meio de estratégias que visam burlar sistemas de segurança motivados exclusivamente pelo desafio sem causar dano ou dolo ao sistema invadido ainda é um delito, portanto não sendo possível a descaracterização do termo como direcionado a infratores, mesmo que existam diversos níveis e classificações que variam de acordo com o delito praticado (cracker, lammer, phreaker, newbies, nub ou noob, carders ou carding, coders, virri, wares, script-kids, defacer, cyberpunks entre outros) todos são inicialmente Hackers.

Assim, a partir dessa pequena explanação se apresenta um cenário no mínimo preocupante, tendo em vista o grande volume de ameaças a que estamos expostos no ambiente virtual e físico. Ameaças essas que no mínimo deturpam nosso julgamento e modificam não apenas nossas informações mas também nossas decisões. Dessa forma, justifica-se a preocupação inicial para com a imersão total de organismos biológicos em ambientes virtuais, principalmente na possibilidade de hackeamento da mente humana e, porque não, uso criminoso da conexão homem-máquina.

Ainda não chegamos no nível de conectividade que possibilite o hackeamento da mente humana como explorado na ficção científica (*The Matrix* e *Ghost in the Shell*), mas estamos caminhando para isso a passos largos. Assim, como fica a garantia do livre-arbítrio? Ou estaremos sujeitos a reprogramação neural proposta em ambas as obras de ficção citadas?

Reprogramação neural e lavagem cerebral já é uma realidade, mas a potencialização desse processo e a escala que ele pode atingir com a conectividade é assustadoramente colossal.

Mas antes de chegarmos ao extremo previsto neste texto, devemos primeiro buscar meios para garantir a liberdade natural do homem, em especial aos nossos dignos maçons que, por atribuição moral e social são guardiões de uma humanidade mais justa, digna e esclarecida.

---

[27] Significados. **Hacker**. 2018. Web - Disponível em: https://www.significados.com.br/hacker/ - Acesso em 30 de maio de 2018.

31 ONDE ESTÃO NOSSOS HERÓIS?

O ser humano por excelência necessita de exemplos para nortear seu comportamento. Somos seres sociais e, portanto, movidos pelo instinto de bando ou manada, o qual tende a imitação daqueles poucos que se destacam e, como pontos fora da curva, influenciam e lideram as massas. Dentre estes líderes e gurus, existem aqueles que são verdadeiramente Heróis Nacionais, figuras ímpares que pela atuação social, força moral ou desenvoltura em alguma área do conhecimento, ganham destaque e notoriedade, além de força e influência sobre toda uma geração, sendo considerados verdadeiros ídolos sociais.

Antes de qualquer comentário a respeito desse tema, é preciso elucidar um ponto fundamental. Não estamos aqui entrando na esfera teológica ou mesmo bíblica para com o conceito de ídolo (enquanto idolatria a deuses pagãos), mas sim, o ídolo enquanto uma referência cívica, social, artística, cultural, moral e ética.

Nesse sentido, tenho me feito a seguinte pergunta constantemente: "Onde estão nossos heróis?". Infelizmente não tenho uma resposta condizente com a real necessidade de nossa sociedade a qual está carente de referências tão necessárias a construção de uma nação mais justa e correta.

O ser humano, no decorrer de sua jornada busca explicações e respostas aos seus anseios nos mais diversos campos, sejam eles científicos, místicos, míticos, teológicos e, porque não, sociais. Para isso, não é incomum a que o indivíduo, ou mesmo grupo, busque referências que auxiliem na construção de um melhor entendimento sobre determinadas noções como o conceito de certo e errado, bom e mau, ou outros antagonismos que permeiam a convivência social e comunitária. Pois é natural a busca por explicações simples que justifiquem os fenômenos que nos cercam, indo desde as benesses da fartura aos tormentos da tragédia.

Essas explicações servem para justificar inúmeras relações do ser humano com o meio em que está inserido, como por exemplo a fartura na caça ou na agricultura, em que não era incomum nas sociedades antigas atribuição da bonança a uma divindade ou a um ritual o qual a garantiria.

Se for observada a constituição do panteão de deuses antigos, tendo por exemplo a cultura Grega ou Olimpiana, tem-se uma clara e simples explicação para as dúvidas e anseios que permeavam essa sociedade em seus primórdios, onde os Titãs simbolizavam as forças primitivas da natureza e a relação do homem com a fauna e flora onde estavam expostos, tendo um papel especial o mais jovem deles Cronos, o qual representa o tempo imortal. A partir de Cronos surgem os três grandes deuses do panteão olimpiano tradicional, Zeus (comandando os céus), Poseidon (comandando os mares) e Hades (comandando o mundo inferior) representando os domínios em que o homem não poderia adentrar sem as devidas consequências. E a partir desses deuses e de suas relações parentais, conjugais e extraconjugais (envolvendo inclusive humanos e inumanos) surgem outros deuses, semideuses e heróis que passam a representar as facetas do cotidiano social da época, bem como os aspectos da personalidade e dos sentimentos humanos, representados por Athena (deusa da sabedoria e da estratégia militar), Ares (deus da guerra), Afrodite (deusa do amor), Ártemis (deusa da caça), Hefesto (deus do fogo e da metalurgia) entre outros que tratam desde aspectos importantes da sociedade a itens relativamente banais.

Essas narrativas históricas míticas foram fortemente utilizadas para ensinar a lidar com as mais diversas situações do cotidiano social da época (sendo ainda hoje largamente utilizado ao redor do mundo por diferentes sociedades humanas), justificando atuações corretas e ensinando pelo exemplo de terceiros os perigos, os caminhos e as soluções que se podem esperar frente a cada situação, a exemplo das narrativas teológicas e dos contos heroicos de superação humana.

Além das narrativas heroicas, teológicas e místicas, os contos e histórias infantis tiveram papel similar na educação de uma sociedade em constante construção. Essas histórias infantis trazem em seu íntimo importantes lições quanto aos perigos que estavam expostas crianças e jovens, indo desde lobos nos caminhos das florestas até as consequências de pequenas travessuras (envolvendo trotes e mentiras).

A existência do conceito de Herói auxilia no desenvolvimento comunitário através do preenchimento das lacunas morais e éticas deixadas pela comunidade local que, quer fosse por desconhecimento, quer fosse por negligência, não foram devidamente supridas a época. Não estou dizendo aqui que a responsabilidade da formação social daquela geração tivesse sido transferida da família para qualquer outro órgão ou instituição externa, mas que os mecanismos utilizados no processo de formação não eram os mais indicados por não incutiram o desejo por aprofundamento de seus temas e ensinamentos. Esse desejo por buscar mais sobre determinados temas da formação do caráter veio então de forma complementar através da dita cultura POP.

Infelizmente hoje no Brasil não dispomos de referências sociais que não aquelas frágeis e artificiais advindas do meio político, ou pior, do meio artístico, que mais deturpam os princípios do que os fortalecem. Ao invés de fortalecer a instituição familiar o meio artístico e dramatúrgico nacional busca destruí-lo, ao invés de incentivar o cumprimento da lei, este mesmo meio busca apresentar todas as vantagens de se transgredi-la. Outro exemplo é a perversão da sexualidade ambígua imposta a todos os níveis sociais e faixas etárias no lugar da castidade e da maturidade, dentre tantos outros inimigos sociais.

Não temos hoje exemplos no esporte, na filosofia, na arte, no voluntariado ou mesmo na segurança pública que possamos dizer, este me representa ou ainda, eu gostaria de ser como ele, principalmente se for observado que a gigantesca maioria dos atuais falsos ídolos chegou ao seu status atual por meios não ortodoxos, obrigando-nos a buscar em outras culturas (quando possível) o mínimo de referência e sustentação a uma sociedade melhor e mais esclarecida.

Portanto conclamo a todos os maçons esparsos sobre a terra e em especial sobre a nossa pátria para que sejamos exemplo e assumamos nós o papel de heróis da sociedade mais uma vez. Que possamos resgatar nossa glória de outrora e saiamos do conforto de nossas colunas para guiar e nortear os rumos da formação das próximas gerações, pois é na infância que se constitui o fundamento do caráter e é na infância que se pode destruí-lo também.

32 EPÍLOGO

"Há 4 palavras importantes na vida: Amor, Honestidade, Verdade, e Respeito. Sem isso você não tem nada" Richard Bach

Pois bem, escrever algo sobre o cidadão Jonas, como também sobre o maçom Jonas é algo leve e prazeroso, embora eu seja suspeito para comentar a respeito, em virtude da amizade de longa data e do relacionamento profissional, além da nossa caminhada muito parecida na Ordem Maçônica.

Quando conheci o Jonas, há cerca de vinte anos, nenhum dos dois tinha sido iniciado, porém, fazendo uma análise de seu comportamento e atitudes desde a época, me faz lembrar a velha ideia de que ele já era um maçom, mas que ainda não tinha sido iniciado. Pessoa de princípios e de ideias de grupo. Homem muito justo e apegado a valores.

O tempo passou e acabamos nos reencontrando, ambos iniciados, em Lojas diferentes, de ritos diferentes, porém de ideias muito parecidas. Depois de fazer alguns convites para que o autor frequentasse e viesse a cerrar colunas junto a minha Loja-mãe (onde iniciei, fui elevado e exaltado) para que ele pudesse vir a somar com sua dinâmica de estudos e com seus Planos de Trabalho, que muito ajudariam a minha oficina primaz, fui convidado para ir em sua Instalação na Fraternidade Acadêmica Ciências e Arte Real - nº 4284 (FACAR), onde acabei me filiando e fui muito, mas muito bem recebido por todos os irmãos e estou nessa Loja até hoje.

Mas antes de dar continuidade, carece destacar algo que já é de conhecimento da ampla maioria, mas que acho importante abordar mesmo assim.

Para aqueles que conhecem a geografia de Santa Catarina, fica claro que muitos residentes no planalto serrano, centro oeste e oeste de Santa Catarina nunca tiveram contato com o mar, mas já ouviram falar, já assistiram filmes, noticiários e programas sobre mar e praias, como também já leram sobre marés, sobre salinidade, sobre o efeito das ondas e sobre a tapeçaria da areia da praia.

Todavia, após virem ao litoral, experienciar o vento marítimo, repousar os pés na água, passear pela praia e nadar no mar, diferente de estar nadando num rio ou numa represa, com certeza saberão do que estou falando.

Isso é apenas um exemplo de como temos outras percepções e sensações a partir do conhecimento empírico, prático.

Fui nascido, desenvolvido e amadurecido num Rito que não é racional e tampouco iluminista como o Rito Moderno. Eu ouvi falar de forma não tão clara sobre a busca incessante da verdade livre de dogmas e verdades prontas, até que fui filiado. Nessa ocasião, o Venerável Mestre à época, de forma "sutil", me convenceu a conhecer a ritualística, a história e os princípios do Rito Moderno, onde me aprofundei no conhecimento de forma clara e dentro da racionalidade. E tão logo fui filiado à loja, me deram a incumbência de ler e reler os três rituais (aprendiz, companheiro e mestre), bem como me preparar para exercer o cargo de 1º Experto nas próximas sessões magnas de iniciação, de elevação e de exaltação da FACAR. Desta forma acabei conhecendo a ritualística do Rito Moderno o suficiente para estar entre os irmãos Modernistas.

Tudo ficou mais fácil também porque logo no início de minha chegada à FACAR, me apresentaram o Planejamento Estratégico e o Anuário da Loja, que vinha sendo escrito para que nada se perdesse em termos de registros desde a sua fundação.

Fiz esse pequeno introito para que tudo se faça o mais claro possível a partir daqui, neste pequeno desenrolar de explanações, as quais de forma muito honrada fui convidado a escrever.

Sobre o Volume 1.

É importante salientar que o primeiro livro da série de ensaios filosóficos, o Volume 1 - Aprendiz, na realidade surgiu da escrita do anuário e felizmente o autor soube transformar os registros e anotações em um excelente livro.

Como já dito anteriormente, o autor, pela tenacidade e dinamismo, começou a fazer o anuário com o registro de uma série de informações, o que acabou transformando os escritos, num belo compilado. A partir daí, conforme ele vinha me confidenciando, surgiu a ideia de escrever um livro, cujo a ideia inicial do autor se transformou durante a elaboração do material, o que resultou na edição do Rito Moderno - Ensaios Filosóficos Volume 1, direcionado ao grau de aprendiz e que, atualmente, encontra-se em sua segunda edição.

Como já falei em várias oportunidades, o autor foi muito feliz na sua escrita, visto que soube discorrer sobre a história da Fraternidade Acadêmica Ciência e Arte Real - n° 4284 (FACAR), como também, aproveitou e foi além, desenvolvendo sobre a fundação do Sublime Capítulo Regional Caminho dos Príncipes - n° 30, algo deveras importante na difusão de conhecimentos nos graus filosóficos. Também não se furtou em escrever sobre uma série de outros detalhes que enobreceram e engrandeceram todo o compilado o que resultou neste livro muito bem produzido.

Nesta obra, o autor discorreu sobre uma série de capítulos, inclusive, guardou um capítulo só para tratar do telhamento, e, inenarravelmente, reproduziu um belo conteúdo. A partir de determinado ponto, o autor faz uso de uma interpretação fantástica quando passeia no ritual rememorando as bases do rito moderno de uma maneira que se observa grandiosa, polida e comprometida. Realmente ficou muito bom. Também, o autor discorreu sobre temas polêmicos como a relação entre a maçonaria e a religião e, mais à frente, página 74 quando o autor comenta sobre Leo Taxil e suas aventuras entre a Ordem Maçônica e a Igreja, bem como também revive uma série de situações pontuais e de fundamental importância na história conceitual da Ordem. Ou quando ele apontou que existe realmente incompatibilidade entre a maçonaria e as vertentes religiosas, porque embora haja no seio de cada um, de cada maçom, o espiritualismo, no Rito Moderno, ao menos, a religião não deve ser pregada. Aliás, ressalto que estamos aqui nos atendo ao Rito Moderno e ele foi muito feliz, como também foi muito pontual ao separar e ao deixar bem claro, detalhes e mais detalhes nesse sentido.

Assim, também, quando o autor fala mais a frente sobre beneficência e solidariedade, na página 133, trata por discorrer sobre o papel da beneficência, frisa que a essência da maçonaria é tornar o homem cada vez mais próximo da perfeição, ao passo que, essa transformação irá repercutir na sociedade, para isso, o autor foi muito feliz ao destacar que um dos pilares do ajustamento à perfeição, é de que você seja uma pessoa generosa, bondosa e fraterna.

Dessa forma, como aponta o autor, essa solidariedade oriunda da obra maçônica irá transcender a simples evolução do eu e repercutirá além dos muros relativo ao seu eu interior e, assim, exteriorizar-se-á com a beneficência na sociedade. Por fim, o autor fechou o seu primeiro volume tratando sobre os landmarks, a Constituição de Anderson, os principais de Mackey, de Robert Pike, Findel. Enfim, existem outras temáticas que o autor toca de forma superficial apenas para orientação de estudos, mas não deixam de ter seu grau de importância conforme o tipo de estudo que se quer buscar. Então, quando se fala no primeiro livro, o autor foi extremamente cuidadoso em tudo, claro que depois disso, ou concomitante a isso, o autor já começou a escrever sobre o Volume 2 e o Volume 3.

Sobre o Volume 2.

Era uma tarde chuvosa, engraçado, eu lembro disso bastante por que eu não estava muito bem de saúde e eu estava olhando a chuva aqui na porta do nosso escritório e o telefone toca, era o autor que me procurava, eu atendo e ele me diz o seguinte: **"Mano, eu já enviei para o teu e-mail e queria que tu desse uma olhadinha, em alguns rascunhos sobre o segundo livro"**; e eu pensei que fosse pouca coisa, e o livro já estava quase pronto, faltava claro formatar e dar algumas "mexidas" nele, e o livro de companheiro que se tem hoje, obviamente, logo de início se analisa muito a exaltação ao trabalho, tanto intelectual, como trabalho operacional, braçal.

O autor fez questão de procurar a filosofia do Rito Moderno e do grau de companheiro, e foi bem além do óbvio, do trivial, ali dentro do ritual, soube explorar com melhor, com mais inteligência dentro do livro, conceitos de filosofia no rito moderno e em especial dentro do grau de companheiro. Falou sobre o simbolismo do grau de aprendiz para poder dar uma introdução melhor, quando e em que momento se complementa melhor no grau de companheiro e depois veio falando sobre a filosofia, sobre a filosofia ocidental, sobre os filósofos contemporâneos, no caso, os brasileiros como, Karnal, Cortella, Clóvis de Barros Filho e outros.

Assim, dentro daquilo que o grau de Companheiro no Rito Moderno se propõe, como explorar a inteligência do maçom para prepará-lo a amadurecer a busca da verdade, o autor deixa aquele momento de puro aprendizado para poder lapidar aquela pedra que deixou de ser bruta pois ela já tem o seu devido desbaste, embora ainda não tão polida. Então, é nesse sentido que importa saber até onde o companheiro pode sair de seu eixo - a palavra certa - porque sabemos, ele pode deixar de estar obtuso para abrir um pouco o leque de opções, sair do seu eixo e voltar sem que comprometa o princípio maçônico, abusar bem das virtudes, para poder enxergar. A bem da verdade, ele pode garimpar. Interpretar corretamente aquela velha coisa de poder dar valor a noite pra poder saber que o dia é muito importante.

E num segundo momento, também, dentro do próprio livro, o autor passou da filosofia às virtudes do companheiro, as cinco virtudes intelectuais, algo deveras importante, como as virtudes intelectuais teóricas, e as virtudes intelectuais práticas para passar em seguida as sete artes liberais que vão fundamentar o todo, tanto fora, como dentro do universo maçônico. Dentro dessa ótica, não tem como não se dizer que ele não soube desenvolver o livro de forma extremamente cuidadosa, zelosa.

Então, o segundo livro que trata do grau de companheiro foi simplesmente fantástico, aos já sorvedores do livro, podem corroborar, como por exemplo quando ele discorre sobre o efeito placebo na conotação simbólica no grau de companheiro, aquela coisa de você saber dar o ombro e não querer fazer o que deve ser feito e se sente preparado o suficiente, até que acaba se motivando pelo que as linhas subliminares do grau te apontam. O efeito é como um remédio para a absorção do conhecimento daquele postulante. Usou de uma metáfora incrível, inteligente, muito boa mesmo. Já ao fim, ele acaba falando sobre a regularidade e o reconhecimento, e detalha acerca do reconhecimento das Grandes Lojas, aqui no Sul da América, enfim, fecha muito bem o livro nesse sentido. Sinto extremo orgulho de poder ter dado uma passada e pitacos nesse livro, para poder contribuir com aquilo que foi tão bem feito.

Sobre o Volume 3.

Eu lia num texto de um artigo de jornal, que são quatro palavras que você deve carregar consigo e interpretá-las de forma bem objetiva, amor, honestidade, verdade e respeito. E quando eu recebi o terceiro Volume do autor, o livro do Grau de Mestre - para que pudesse dar uma lida e fazer a verificação conceitual, claro que com alguns ajustes e erros normais de digitação, até porque quem escreve se preocupa em escrever, depois num segundo momento é dada uma olhada, uma passada criteriosa naquilo que precisa ficar entendível. Então o papel do revisor é esse, contribuir em situações conceituais em função de que o escritor, ele tem esse rompante de escrever aproveitando a luz que se iluminou, ele tem que escrever e depois alguém vai aparando.

Mas voltando às quatro palavras, quando se fala do amor, o coração do maçom, ele tem que ser limpo, tem que ser puro, ele tem que ser voltado ao bem, então o amor é prioridade "um"; quando se chega no terceiro grau e quanto a isso vamos acabar falando ao final dessa explanação.

Quando se fala da honestidade não tem como associar o maçom, o iniciado na maçonaria a um desonesto, porque ele tem a obrigação moral de ser reto, ele tem que fazer o esquadro e pronto. Então, na plenitude de seus direitos maçônicos, ele tem que estar sabendo o que é certo e errado, e saber seguir dentro dos princípios que não são e não estão muito longe de sua linha de visão. Ninguém é dono da verdade absoluta mas o mínimo sabemos para que a pessoa seja honesta, seja reta, seja correta, que esteja dentro dos parâmetros morais sociais.

A verdade, óbvio que precisamos buscar a verdade acima de qualquer coisa e sempre, esse é um princípio da maçonaria e é um princípio muito forte, basilar, essencial do Rito Moderno, a busca incessante pela verdade e quando se acha que chegou a verdade vamos re-procurar alguma coisa porque precisa re-lapidar aquilo que você já concluiu, a obra nunca está concluída, pode procurar que alguma coisa sempre tem pra você procurar melhorar e nesse melhorar passeamos dentro da ideia de procurar, perseguir a perfeição, não que sejamos perfeitos mas vamos sempre procurar termos e sermos pessoas cada dia melhores para servirmos a sociedade de forma mais justa e perfeita.

E o respeito... respeito, quando se fala em procurar a verdade se vai discutir, divergir com outra ou outras pessoas sobre determinado assunto por mais polêmico que ele seja, mas sempre dentro de um grau de respeito. Quando se fala em liberdade absoluta de consciência que também é algo muito profundo, enraizado dentro do Rito Moderno, e lá dentro do volume 3 se fala muito sobre isso, precisamos respeitar o próximo, não podemos deixar que haja qualquer coisa, eu não posso dar exemplos aqui, seria um tanto quanto desrespeitoso sim, mas já aconteceram situações dentro da ordem maçônica e de nosso alcance que primamos pelo respeito ao próximo mesmo que ele estivesse errado e é aí que prevalece a grandeza do maçom e da loja maçônica, por saber respeitar o irmão mesmo ele estando errado ou não tão dentro dos conformes.

Assim vamos discorrer um pouco sobre os temas: o amor, a honestidade, a verdade e o respeito ao próximo, respeito às leis, respeito a pátria, a família, a humanidade são pilares que não se divorciam do maçom verdadeiro; quando recebi o volume 3 para revisitar todos os detalhes, eu achei interessante um ponto, onde logo na página 15 o autor discorreu sobre o papel da trolha na caminhada maçônica do mestre no Rito Francês ou Rito Moderno, onde simbolicamente se passa a trolha, ou seja, se passa uma borracha sobre qualquer discussão havida, o que, inclusive, estava dentro daquilo que mencionamos há pouco; logo em seguida o autor fala sobre exoterismo e esoterismo, com "x" ou com "s" relacionando-os com a possibilidade de discussão de diversos temas e assuntos dentro de nossa Ordem, "intramuros", para que depois e quando for preciso, discutir o assunto fora de nossa Ordem, "extra muros", de forma filtrada e coerente.

Costumamos dizer que desta forma nos lapidamos dentro das nossas sessões econômicas ou sessões de instrução e assim nos preparamos para que tenhamos um bom comportamento lá fora, na vida profana e isso a gente não pode deixar que seja diferente; o autor relata também de forma incansável sobre a filosofia e é importante também que se analise que com a vinda do maçom ao terceiro grau, com a exaltação do companheiro ao grau de mestre, ele está na plenitude de seus direitos maçônicos, mas também está no início da caminhada de que um mestre de verdade vai começar a galgar, então esse momento é muito delicado, pois é uma linha tênue entre você achar que agora chegou para depois em seguida enxergar que não, que tudo está apenas iniciando, que é aí que começa toda a obra; não vou discorrer aqui sobre o ritual de exaltação onde se deixa muito claro sobre isso.

E quanto a isso o autor fala numa simbologia sobre o hermetismo, aquilo que se detém dentro da ordem, "intramuros", porque é dentro de um rito racional, como é o Rito Moderno, que se trabalha a alquimia, se trabalha a metafísica, porque queira ou não, elas são ciências e há algo subjetivo mas previsível da mesma forma, como a física quântica, enfim.

O autor escreveu e foi extremamente comprometido também nesse terceiro volume quando falou sobre os graus filosóficos, porque você chega ao grau de mestre, você vai apresentar os seus trabalhos, vai cobrar os trabalhos dos companheiros e dos aprendizes, mas também, você sabe que ali é o começo de uma série de outros detalhes que precisam ser analisados, precisa se preparar mais caso tenha interesse de se aprofundar cada vez mais, tem que pensar nas Ordens de aperfeiçoamento, nos graus filosóficos, tem que pensar nas obrigações, nas reais obrigações de um mestre; insisto, quais são os cargos que você tem que sempre estar preparado? O mestre maçom tem que estar preparado para qualquer cargo, para ministrar uma instrução, claro que ele pode não estar tão preparado no dia mas ele tem que saber, ele tem que estar sempre lendo, ele tem que estar sempre pronto.

Tudo isso e muitas outras coisas estão contidos dentro do terceiro volume, o livro do grau de mestre em que ele não esquece de falar sobre outros detalhes como a travessia, algo deveras importante de se absorver; não vou discorrer aqui com maiores detalhes o que é o politicamente correto, e falar sobre isso muitas vezes precisa que se fuja do politicamente correto pra ser objetivamente correto e não deixar que distorçam alguma coisa; é importante que se olhe, analise, veja e transcreva sobre o tema, mas vamos nos ater ao conteúdo do livro.

Confesso que após o término do terceiro livro, eu me senti bem mais amadurecido maçonicamente, até porque de forma muito perspicaz o autor soube transpor e transigir do grau um para o grau dois, do grau dois para o grau três de forma muito completa, o autor suplementou muito bem, ele soube fazer o complemento de um no outro, revisitou o grau dois quando foi falar no grau três para poder dar continuidade, fez de uma forma perfeita.

Sobre o Volume 4.

Pois bem, em se tratando desse quarto e último volume da série envolvendo os diversos níveis da maçonaria simbólica, qual seja, o livro sobre o Mestre Instalado, tem-se que o autor discorreu de forma lúcida e perfeita desde o início, quando definiu e conceituou muito bem a questão do Mestre Instalado, explicando e extraindo do ritual, bem como de outras fontes, extraindo e fundamentando dentro daquilo que se tem na legislação, inclusive, tanto na Constituição como no Regulamento Geral da Federação - RGF, a forma de se tratar com a real importância o Mestre Instalado.

O autor deixou claro que o Mestre Instalado não é um grau, é uma condição honorífica que o Mestre Maçom, dentro das condições dele, é alçado a essa condição de forma a que ele possa depois de muito bem observado por outros mestres e mestres instalados inclusive, que ele seja instalado no Trono de Salomão (o qual vamos falar um pouco mais adiante) e receba todas as honras, todas as condições para que ele dirija a sua Loja, que ele tenha discernimento para as questões administrativas, para as questões entre irmãos e em situações da vida profana inclusive. Mesmo com relação à fraternidade, tudo aquilo que faça com que ele possa conduzir a Loja, os irmãos e a maçonaria num todo de forma muito serena e com fluidez, de forma muito perfeita, sim, de forma Justa e Perfeita.

Assim, de forma muito tranquila foi também discorrido dentro do livro, dentre outros, os três instrumentos simbólicos, mas de grande importância que compõem os instrumentos de trabalho de um Mestre Instalado, a Espada, o Malhete e o Trono do Mestre Instalado; a Espada mostrando a Força que o Mestre Instalado deve impor no transcorrer de seus trabalhos durante e enquanto estiver a frente da presidência da Loja, o Malhete para impor além da força, a sua soberania, até mesmo porque é importante impor a força e a dinâmica dos trabalhos e; o Trono onde ele é instalado e que mostra o porquê de ele estar ali.

Lembrando que a Espada vai mostrar a força que ele tem para desenvolver os trabalhos da mesma forma que o malhete, o símbolo máximo de autoridade, força e poder para atingir os objetivos propostos pela Loja e que ele se comprometeu, e, o Trono que é o símbolo máximo de sabedoria, o Trono de Salomão, pois Salomão foi o homem mais sábio, que recebeu a sapiência diretamente de Deus, isso é importante destacar nesse livro.

Com isso é importante ressaltar também a forma como o autor destaca com bastante propriedade um novo olhar para esses três principais utensílios de forma simbólica, com grande importância e significado como falei anteriormente, o Trono de Salomão representando a sabedoria, o Malhete que mostra a autoridade e a imponência com que ele vai dirigir a Loja, a Espada que é o emblema e o símbolo da Justiça diante das decisões a serem tomadas. Além disso, os demais utensílios são discorridos durante o trabalho, desde o Lápis, a Régua, o Esquadro, a Trolha, o Prumo, o Cinzel enfim, dentro do grau de Mestre, quando esse é Instalado e o quão importante se faz para que ele consiga fazer da sua empreitada um sucesso e que ele logre êxito dentro nesse trabalho.

Em momento algum vamos conseguir trabalhar a interpretação de um livro dessa magnitude se não nos ativermos que além da glamourização da simbologia, da história e de toda uma processualística da instalação de um mestre, também vem uma coisa muito importante que fez com que fosse incorporado um capítulo só pra isso, onde é falado sobre o dilema do herói e quando se aborda isso, o que vai muito além pelo fato de que o Mestre Instalado, Venerável de uma Loja, durante todas as suas atribuições, sem sombra de dúvidas tem mais ônus, mais responsabilidades, mais problemas do que bônus. O fato de estar ali um avental, de ser apresentado como o presidente de uma instituição chamada Loja Maçônica é muito aquém daquilo que ele recebe enquanto responsabilidade e para isso o autor busca elucidar no capítulo sobre o "dilema do herói", nesse capítulo tão importante e tão profundo. Porque o autor fala de tudo que ele passa no conflito entre os irmãos, as dificuldades financeiras de uma loja, as dificuldades de relacionamento com outras lojas, com o próprio Rito e daí por diante, uma série de situações que vão aparecendo e que não se tem ideia da dimensão de tudo isso até a hora de realmente passar o bastão para outro e aí sim, você depois que incorporou aquilo como missão, como algo que você precisa fazer abrindo mão da sua família, abrindo mão da sua vida profissional em diversos aspectos, abrindo mão de um cem número de coisas, surge o "dilema do herói", onde quando a situação está já encontrando o ponto certo, chega a hora de ele passar o malhete para outro Mestre Instalado e vai para o anonimato.

Muitos líderes que assumem a frente da Loja não conseguem absorver de forma tranquila isso, abrir mão do Trono de Salomão para outro quando já dissipou tantos conflitos, tantas dificuldades ao contrário de um carro, um Jeep que são duas alegrias, uma quando a gente compra que fica muito feliz e outra quando você vende porque viu o pepino que é, o período em que você está ali na presidência de uma loja é o contrário, você assume ela com as incertezas e na hora de vender o teu Jeep, de passar a Loja, tem aquele sentimento de que você se dedicou à Loja e agora há o sentimento de pertencimento e é ali que se precisa saber trabalhar o suficiente pra saber ir em frente, pois é como criar um filho, chegou na idade certa tem que deixar ele ir porque não te pertence, pertence a instituição, é institucionalizado é a vida, e ele coloca de forma muito clara, nos trazendo a uma reflexão muito profunda com relação a isso.

Há uma coisa bem maestral, não sei se é a palavra certa, uma coisa muito bem arquitetada no desenvolvimento desse livro, onde o autor soube usar de linguagens metafóricas aprofundadas e de alguns exemplos subjetivos também fazendo comparativos metafísicos, históricos, simbólicos para trazer aquele espírito bem claro e translúcido para desenvolver esse livro.

Eu acredito que ele fez isso dentro de um quadrante que assume a realidade daquilo que realmente o Mestre Instalado tem, experiencia, vivência desde a sua instalação perfazendo todo o seu turno a frente da liderança, a frente da presidência da sua administração em todas as esferas, em todos os setores, de todas as formas e conseguindo, terminado o seu mandato, ainda ter aquela carga de conhecimento, aquela experiência, para compor o Conselho de Mestres Instalados e trabalhar na condição de jurisconsulto, aquele consultor já com experiência para poder dar sua contribuição a quem vem ali atrás, até porque temos essa plena certeza de que quando instalado lá no início, o Venerável não tem nenhuma experiência, como foi falado muito anteriormente, tinha toda a ideia do que seria, mas ele não chegou a pôr o pé na água da praia, não chegou a sentir, vivenciar aquilo de uma forma bem diferente então o livro carrega tudo isso.

E ele finalizou muito bem quando terminou o capítulo perguntando onde estão nossos heróis, até porque nós temos a missão de desenvolver, produzir lideranças dentro da Ordem Maçônica com princípios, com dinamismo, com garra para que estejam a frente de qualquer situação, seja dentro de uma empresa, seja no mundo político, seja na administração de grandes empresas estatais que deem norte ao desenvolvimento social, econômico, e, não deixando de esquecer outros princípios como o do meio ambiente, que é uma missão árdua a de manter a conservação dentro do nosso planeta, dentro da nossa nação, dentro do nosso estado e ao redor de onde vivemos para que possamos deixar isso para as outras gerações com qualidade. Isso ele coloca no "Onde Estão Nossos Heróis", realmente para que se possa fazer referência de lideranças, que se possa procurar líderes.

Quando Cazuza[28] fala na sua música, falava enquanto vivo, "...meus heróis morreram de overdose..."[29], ele deixou claro exatamente o oposto, para que se entenda que esse tipo de herói não serve, porque precisamos de referências com princípios moralmente dignos e isso ele enfatizou bem, o nosso autor.

Enfim, gostei desse trabalho assim como dos outros três, mas sou suspeito para falar. É fenomenal, muito bom. E por fim, encerro este epílogo destacando que:

> A filosofia se divorciou da ciência ao indagar com qual conhecimento da vida e do mundo o homem vive mais feliz. (NIETZSCHE, 2000, pag. 13)

---

[28] Agenor de Miranda Araújo Neto (Cazuza - 1958 a 1990) - cantor, compositor, poeta e letrista brasileiro.

[29] Trecho da letra de Ideologia, faixa constante do álbum de mesmo nome lançado em 1988 pela Gravadora: Universal Music Group.

Ir Adilson Macário de Oliveira Júnior[30]

[30] M. I. pela A. R. L. S. Fraternidade Acadêmica Ciência e Arte Real - 4284 (GOB - Rito Moderno); Grau 8 - Cavaleiro da Águia Branca e Preta (Kadosh) Inspetor do Rito e membro do Grande Conselho Kadosh Filosófico do Rito Moderno para Santa Catarina (SCRM); Companheiro do Arco Real pelo Supremo Grande Capítulo de Maçons do Arco Real do Brasil - Capítulo Joinville n° 88; Mestre Maçom da Marca pela Grande Loja de Mestres Maçons da Marca do Brasil – GLMMM – Loja de Marca Sanctum Sanctorum N.° 40 e; Nauta da Arca Real pela Antiga e Honrosa Fraternidade de Nautas da Arca Real do Brasil - Loja de Nautas da Arca Real Sanctum Sanctorum N° 40.

33 SOBRE O AUTOR

O Autor é Professor Universitário, Escritor e Consultor Empresarial.

Mestre em Educação (políticas públicas) pela Universidade da Região de Joinville (UNIVILLE);

Especialista em Comunicação Integrada de Marketing (Lato-Sensu) pelo Centro Universitário de Jaraguá do Sul (UNERJ);

Bacharel em Sistemas de Informação pelo Centro Universitário de Jaraguá do Sul (UNERJ);

ROTARY INTERNATIONAL

Fundador e Membro ativo do Rotary Club Joinville - Floresta (D-4652);

Membro Honorário do Rotary E-Club de Jaraguá do Sul (D-4650);

Foi membro do Rotary Club de Jaraguá do Sul (D-4650) onde recebeu o título de Companheiro Paul Harris;

GRANDE ORIENTE DO BRASIL

Iniciado, Elevado e Exaltado na A. R. L. S. Fraternidade Acadêmica Ciência e Artes Nº 3685 do Rito Moderno (GOB-SC) no Oriente de Jaraguá do Sul - SC;

Fundador, Mestre Instalado e Deputado Estadual (PAEL - SC) pela A. R. L. S. Fraternidade Acadêmica Ciência e Arte Real Nº 4284 do Rito Moderno (GOB-SC) no Oriente de Joinville - SC;

Filiado a A. R. L. S. Ângelo Toccolini Nº 4541 do Rito Moderno (GOB-SC) no Oriente de Joinville - SC;

Foi Coordenador da 3ª Circunscrição Joinville do Grande Oriente do Brasil em Santa Catarina durante a Gestão do Eminente Ir Adalberto Aluízio Eyng - Grão Mestre do GOB-SC (Gestão 2015 a 2019);

ORDENS DE SABEDORIA DO RITO MODERNO

Iniciado nos Graus 4, 5, 6 e 7 dos Graus Filosóficos do Rito Moderno no S. C. R. Cavaleiros da Verdade Nº 25 (SCRM) ao Vale de Brusque - SC;

Fundador, Ex-presidente e membro do S. C. R. Caminho dos Príncipes Nº 30 do Rito Moderno (SCRM) ao Vale de Joinville - SC;

Grau 8 - Cavaleiro da Águia Branca e Preta (Kadosh) Inspetor do Rito e membro do Grande Conselho Kadosh Filosófico do Rito Moderno para Santa Catarina (GCKFRMSC - SCRM);

ORDENS DE APERFEIÇOAMENTO MAÇÔNICO DO GRANDE ORIENTE DO BRASIL

Companheiro do Arco Real pelo Supremo Grande Capítulo de Maçons do Arco Real do Brasil - Capítulo Joinville nº 88.

Mestre Maçom da Marca pela Grande Loja de Mestres Maçons da Marca do Brasil - GLMMM - Loja de Mestres Maçons da Marca Sanctum Sanctorum Nº 40.

Nauta da Arca Real pela Antiga e Honrosa Fraternidade de Nautas da Arca Real do Brasil - Loja de Nautas da Arca Real Sanctum Sanctorum Nº 40.

34 REFERÊNCIAS BIBLIOGRÁFICAS

A Bíblia Sagrada. Rio de Janeiro: Royal Bible & Imprensa Bíblica Brasileira; 1997.

COUSINEAU, Phil. **A Jornada do Herói - Joseph Campbell - Vida e Obra.** São Paulo: Ágora, 2004.

COUTO, Sérgio Pereira. **Dicionário Secreto da Maçonaria:** Desvende os termos usados pelos maçons. São Paulo : Universo dos Livros, 2009.

GOB - Grande Oriente do Brasil. **Constituição do Grande Oriente do Brasil.** Distrito Federal: GOB. 2007.

______. Decreto Nº 1.469 de 12 de fevereiro de 2016 da E. V.. Distrito Federal: GOB. 2016.

______. **Regulamento Geral da Federação.** Distrito Federal: GOB. 2008.

______. **Ritual: Instalação e Posse de Venerável Mestre / Reassunção de Venerável / Investidura dos Oficiais Eleitos e Nomeados / Investidura dos Componentes das Comissões e dos Adjuntos dos Oficiais Eleitos – Para Todos os Ritos.** Distrito Federal: GOB, 2010.

______. **Ritual de Aprendiz Maçom** – Rito Moderno / Francês. Distrito Federal: GOB. 2009.

______. **Ritual de Companheiro Maçom** – Rito Moderno / Francês. Distrito Federal: GOB. 2009.

______. **Ritual de Mestre Maçom** – Rito Moderno / Francês. Distrito Federal: GOB. 2009.

GOB-SC - Grande Oriente do Brasil - Santa Catarina. **Constituição do Grande Oriente do Brasil - Santa Catarina**. Florianópolis: GOB-SC. 2008.

JUNG, Carl Gustav. **O homem e seus símbolos**. Tradução de Maria Lúcia Pinho. Nova Edição. Rio de Janeiro: Nova Fronteira. 2008.

MUNIZ, André Otávio Assis. **Novo Manual do Rito Moderno** - Grau de Mestre (Completo). São Paulo: A Gazeta Maçônica. 2008.

Nietzsche, Friedrich. **Humano Demasiado Humano**. São Paulo: Editora Companhia de Bolso (Grupo Companhia das Letras). 2000.

______. **Para além do bem e do mal**. São Paulo: Editora Companhia de Bolso (Grupo Companhia das Letras). 2005.